마음의 소원을 이루는

영적 법칙

* 004

마음의 소원을 이루는
영적 법칙

최명우 지음

초판 1쇄 인쇄 2016년 10월 31일
초판 1쇄 발행 2016년 11월 10일

발 행 처 도서출판 케리그마
발 행 인 **최명우**

책임편집 **최현자**
제   작 새한기획(02-2274-7809)
등   록 제2012-000036호(2012. 1. 27.)

서울 강남구 역삼로 8길 12 (역삼동 833-6)
전화 02-562-0546
팩스 02-563-4657
E-mail pwgangnam@gmail.com
http://www.fggn.kr

ISBN 979-11-954054-7-3   03230

최명우 목사의 희망 메시지 · 4

마음의 소원을 이루는
영적 법칙

도서
출판 케리그마

Wish Fulfilling Spiritual Principles

by
Myung Woo Choi

Kerygma Book House
Seoul, Korea
2016

사람에게는 저마다의 소원들이 있습니다. 그리고 그 소원이 이루어지기를 간절히 바라며 열심히 삽니다. 하지만 때로 소원은 쉽게 이루어지지 않을 때가 있어서 마음에 낙심이 되고 삶에 의욕을 잃게 되기도 합니다. 그래서 성경은 "소망이 더디 이루어지면 그것이 마음을 상하게 하거니와 소원이 이루어지는 것은 곧 생명 나무니라"라고 말씀합니다(잠 13:12).

그런데 하나님은 우리에게 소원을 주실 뿐만 아니라 우리의 소원을 이루어지게 하시는 분이십니다. 성경은 "너희 안에서 행하시는 이는 하나님이시니 자기의 기쁘신 뜻을 위하여 너희에게 소원을 두고 행하게 하시나니"라고 말씀하고 있습니다(빌 2:13).

그리고 하나님은 소원을 이루기 위하여 무엇이 필요한지 이미 성경에 다 말씀해 놓으셨습니다. 다만 우리가 하나님의 말씀에 관심이 없었거나 하나님을 기쁘시게 하는 소원보다는 내 이기적인 욕심을 채우는 것에만 더 관심이 많았을 뿐입니다.

성경은 "지식 없는 소원은 선하지 못하고 발이 급한 사람은 잘못 가느니라"라고 말씀합니다(잠 19:2). 하나님의 말씀에 바탕을 두지 않은 소원은 선하지 못합니다. 그리고 마음의 소원을 이루는 것에만 급급한 사람은 잘못된 길을 걸어가기 쉽습니다. 그러므로 이제 성경이 말하는 소원에 귀를 기울여야 합니다.

그래서 저는 독자 여러분과 "마음의 소원을 이루는 영적 법칙"이라는 주제로 함께 하나님의 말씀을 나누고자 합니다. 이 말씀들은 제가 섬기는 순복음강남교회에서 2013년 열두광주리 신년특별새벽기도회에서 전한 말씀을 기초로 하고 있습니다. 그해 순복음강남교회의 성도들은 새벽마다 나와서 마음의 소원을 이루는 영적인 법칙들을 성경을 통하여 배우고 함께 부르짖어 기도함으로 많은 응답을 받았습니다. 책을 통하여 이러한 은혜와 감동을 다시 한 번 맛보게 되시기를 주님의 이름으로 축원합니다.

2016년 가을
최명우

마음의 소원을 이루는
영적 법칙

C o n t e n t s

차 례

Contents

마음의 소원을 이루는
영적 법칙

차 례

Contents

마음의 소원을 이루는

영적 법칙

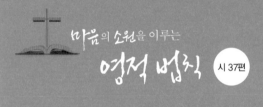

마음의 소원을 이루는

영적 법칙 시 37편

PART 1

하나님을 기뻐하고 맡기라

시편 37:4-6

하나님을 기뻐하고 맡기라

시편 37:4-6

"또 야훼를 기뻐하라 그가 네 마음의 소원을 네게 이루어 주시리로다 네 길을 야훼께 맡기라 그를 의지하면 그가 이루시고 네 의를 빛 같이 나타내시며 네 공의를 정오의 빛 같이 하시리로다"(시 37:4-6).

미국의 대통령이었던 아브라함 링컨(Abraham Lincoln)은 모진 역경이나 위태로운 상황에서도 언제나 웃음을 잃지 않던 낙관주의자였다고 합니다. 사람들이 이유를 물어보면, 그는 늘 "하나님이 내편에 계시기 때문입니다"라고 대답했습니다. 그러면 사람들은 또 궁금해서 물었습니다.

"그러면 어떻게 하면 하나님을 당신 편에 계시게 할 수 있습니까?"

이에 링컨은 이렇게 대답했습니다.

"하나님을 어떻게 내 편으로 삼을까 고민하지 말고 당신이 하나님 편에 서도록 하십시오."

우리는 누구나 하나님이 우리의 소원을 이루어 주시기를 소원합니다. 그렇지만 하나님은 우리가 원하는 것이나 구하는 모든 것을 다 들어주시지 않으실 때도 있습니다. 성경은 "너희가 얻지 못함은 구하지 아니하기 때문이요 구하여도 받지 못함은 정욕으로 쓰려고 잘못 구하기 때문이라"고 말씀하고 있습니다(약 4:2-3). 우리의 소원이나 기도가 하나님의 뜻과 계획에 합당하지 않기 때문에 하나님이 소원을 이루어 주시지 않는 것입니다.

그런데 좋으신 하나님은 우리의 소원과 기도를 단순히 거절하는 것으로 끝내지 않으십니다. 기도 가운데 기도의 제목을 바꿔 주기도 하시고, 말씀을 통하여 새로운 소원을 품게도 하십니다. 또한 연단을 통하여 우리의 탐욕을 버리게 하시고, 우리를 성숙한 신앙으로 자라게도 하십니다. 그래서 결국에는 하나님이 기뻐하시는 뜻과 계획을 이루어 가십니다.

그렇다면 하나님을 기쁘시게 하는 소원과 기도는 어떠한 것일까요? 어떻게 해야 마음의 소원을 이룰 수 있을까요? 본문을 통해 마음의 소원을 이루기 위하여 무엇이 필요한지 함께 살펴보겠습니다.

1. 하나님을 기뻐하라

본문은 "또 야훼를 기뻐하라 그가 네 마음의 소원을 네게 이루어 주시리로다"라고 말씀하고 있습니다(4절). 이는 야훼를 기뻐하는 것이 무엇이며, 야훼를 기뻐함으로 우리에게 허락하시는 은혜가 무엇인지에 대해 말씀하는 것입니다.

사람들은 대체로 새해 소원이나 계획이나 기도제목을 자신의 초점에 맞춥니다. 그러나 소원을 이루어주시는 하나님께 초점을 맞추는 것이 무엇보다도 중요합니다. 본문에 기록된 말씀을 보면 우리가 마음의 소원을 품었다고 해서 그것이 모두 이루어지는 것은 아님을 보여줍니다. 마음에 소원을 가질 수는 있지만 그 소원을 이루시는 분은 하나님이시기 때문입니다. 성경은 "마음의 경영은 사람에게 있어도 말의 응답은 야훼께로부터 나오느니라"고 말씀합니다(잠 16:1).

또한 성경은 "너희 안에서 행하시는 이는 하나님이시니 자기의 기쁘신 뜻을 위하여 너희에게 소원을 두고 행하게 하시나니"라고 말씀하고 있습니다(빌 2:13). 하나님이 기뻐하시는 뜻이 우리 마음 속에 역사하여 마음의 소원이 생기게 하시는 것입니다. 우리의 마음에 소원을 일으키시는 분은 하나님이십니다. 그리고 우리 안에서 행하시는 분도 하나님이십니다. 그러므로 우리는 소원에만 관심을 두지 말고 그 소원을 이루시는 주체가 되시는 하나님께 우리의 관심을 기울여야 합니다.

1) 하나님을 기뻐하는 삶

하나님은 소원을 이루는데 있어서 한 가지 조건을 다셨습니다. 그것은 '야훼를 기뻐하라'는 것입니다. 하나님은 하나님을 기뻐하면 마음의 소원을 이루어주시겠다고 말씀하십니다.

그런데 이 소원은 내 소원인 것 같지만 하나님의 소원도 됩니다. 하나님은 하나님의 소원과 꿈을 우리 마음의 소원과 꿈이 되게 하시고, 마침내 우리의 소원을 이루어주시기 때문입니다. 그러므로 마음의 소원이 우리의 지혜와 총명과 명철과 능력을 뛰어넘는 소원이라 하더라도 조금도 걱정할 필요가 없습니다.

그러면 야훼를 기뻐하는 것이 무엇입니까?

첫째, 하나님 안에서 기뻐하며 즐거워하고 행복한 삶을 영위하는 것입니다. 이것은 세상의 가치와 물질에서 기쁨과 만족을 찾는 것이 아니라 하나님과의 영적 교통을 통하여 그분의 선한 뜻대로 살아가는 것을 말합니다. 그리고 이러한 사람만이 진정한 기쁨과 평안을 누릴 수 있습니다.

둘째, 하나님 안에서 기쁨과 평안을 누리는 것뿐만 아니라 하나님의 모든 행사와 섭리를 선한 것으로 인정하고 받아들이는 것입니다. 악인이 형통하고 번영하며, 의인이 어려움과 고난을 당한다면 마음에 불평과 원망이 일어날 것입니다. 하지만 성도는 그러한 상황에서도 하나님의 모든 행사와 섭리를 선한 것으로 받아들이고 하나님께만 소망을 두고 하나님으로 인하여 기뻐해야 합니다.

그런데 이렇게 하나님을 기뻐하기 위해서는 하나님을 사랑해야 됩니다. 누군가를 사랑해서 하는 일은 피곤하지 않고, 마음에 부담도 없습니다. 우리는 의무감이 아니라 하나님을 사랑함으로 하나님을 기뻐해야 합니다.

또한 우리는 성령 충만함을 받아야 합니다. 성령 충만해야 하나님으로 인하여 마음이 기쁘고 즐거워집니다.

또한 느헤미야 8장 10절은 "느헤미야가 또 그들에게 이르기를 너희는 가서 살진 것을 먹고 단 것을 마시되 준비하지 못한 자에게는 나누어 주라 이 날은 우리 주의 성일이니 근심하지 말라 야훼로 인하여 기뻐하는 것이 너희의 힘이니라"고 말씀합니다. 하나님을 기뻐하면 우리 가운데 힘이 생겨납니다. 그래서 더욱 하나님을 기뻐하며 살아갈 수 있습니다.

2) 마음의 소원을 이루어 주심

이어서 본문은 "그가 네 마음의 소원을 네게 이루어 주시리로다"라고 말씀하고 있습니다(4절 후반절). 야훼를 기뻐함으로 받는 은혜는 하나님이 우리 마음의 소원을 이루어 주신다는 것입니다. 하나님은 당신을 기뻐하는 자들의 소원을 외면하지 않으십니다. 그러므로 육신의 건강과 마음에 사모하는 것들을 하나님 앞에 담대히 아뢰십시오. 하나님께 나아가면 하나님이 힘을 주시고, 그 일을 이룰 수 있는 위대한 능력을 주십니다.

세상 사람들은 마음의 소원을 이루는 일이라면 하나님이 기뻐하시지 않는 일도 주저하지 않고 합니다. 그러나 그렇게 이루어진 소원은 오래 가지 못합니다. 결국에는 악을 행하는 사람은 악한 결과를 얻게 될 것입니다.

그러나 하나님 안에서 하나님이 기뻐하시는 선을 행하는 사람에게는 결국 하나님이 그 마음의 소원을 이루어 주십니다. 하나님은 하나님을 기뻐하는 자들의 소원을 외면하지 않으십니다. 그리고 환경이 조금 어려워졌다고 도와주지 못하시거나 문제가 조금 크다고 해결을 못하시지도 않습니다. 하나님은 전능하시며 하나님께 능치 못할 일은 없기 때문입니다.

더불어 하나님은 하나님의 행사와 섭리를 받아들이며 기뻐하는 성도들의 마음의 소원도 이루어 주십니다. 애굽에서 나와서 광야에서 지냈던 이스라엘 백성들은 조금만 힘들어도 하나님을 향하여 불평했습니다. 그러나 우리는 어떤 상황 속에서도 하나님의 섭리를 기대할 수 있어야 합니다. 그러면 하나님은 우리의 소원을 가장 좋은 것으로 채워주실 것입니다.

시편 104편 34절은 "나의 기도를 기쁘시게 여기시기를 바라나니 나는 야훼로 말미암아 즐거워하리로다"라고 말씀합니다. 야훼 하나님으로 인하여 즐거워하고 기뻐함으로 참된 마음의 평안과 소원을 이루시기 바랍니다.

2. 하나님께 맡기라

이스라엘 백성들이 광야의 길을 걸을 때 하나님은 낮에는 구름 기둥, 밤에는 불 기둥으로 그들을 인도하셨습니다. 그런데도 이스라엘 백성들은 어려움이 생길 때면 하나님을 향하여 불평하고 원망했습니다. 그들은 하나님의 인도하심을 받고 있는 것 같았지만 사실 하나님께 그들의 여정을 온전히 맡긴 것은 아니었던 것입니다.

우리들 또한 이스라엘 백성들과 같을 때가 많습니다. 우리는 하나님이 우리의 인생길을 인도하신다고 고백합니다. 그리고 기도를 통해 모든 것을 맡겼다고 말합니다. 그렇지만 어려운 문제가 생기면 금방 의심하게 되고, 악인의 형통을 보면서 불평하기도 합니다. 선을 행하다 고난을 당하게 되면 사람들은 종종 하나님이 과연 나의 인생을 주관하고 계시는지 의문을 갖게 됩니다.

그렇지만 본문은 "네 길을 야훼께 맡기라 그를 의지하면 그가 이루시고"(5절)라고 말씀합니다. '하나님이 과연 내 인생을 주관하고 계시는가?'라고 의문을 갖기 전에 먼저 인생길 자체를 하나님께 맡기라는 것입니다. 그러면 하나님이 이루신다고 약속합니다.

그러면 어떻게 하는 것이 하나님께 맡기는 삶일까요? 그리고 하나님은 우리의 인생길을 어떻게 인도하실까요? 함께 살펴보겠습니다.

1) 하나님께 맡기는 삶

'길을 하나님께 맡긴다'는 것은 크게는 '인생을 맡기는 것'입니다. 그리고 작게는 '계획'을 맡기는 것입니다. 우리는 하나님이 내 인생의 주관자가 되심을 인정하고 내 인생의 목적과 그 목적을 이루기 위한 계획을 하나님께 맡겨야 합니다. 그리고 이것은 삶의 모든 여정뿐만 아니라 계획이나 행동, 그리고 그 계획에 따르는 모든 사건들이나 결과까지도 맡기는 것을 의미합니다.

사실 많은 사람들이 결과까지도 맡겨야 한다는 사실을 잊고 삽니다. 그래서 자신이 원하는 결과가 주어지지 않거나 원치 않는 결과를 얻게 되면 실망합니다. 그렇지만 내 인생을 하나님께 맡겼다면 그 결과에 대해서도 맡겨야 합니다. 그것이 정말로 맡긴 것입니다. 성경은 "사람이 마음으로 자기의 길을 계획할지라도 그의 걸음을 인도하시는 이는 야훼시니라"고 말씀합니다(잠 16:9). 우리가 아무리 멋진 계획을 세웠다고 해도 그 걸음을 인도 하셔서 일을 이루시는 분은 하나님이신 것입니다.

그런데 이러한 신앙은 하루아침에 만들어지지 않습니다. 하나 님과의 깊은 교제와 영적인 성숙이 있어야 가능합니다. 다윗은 늘 찬양하며 기도하는 사람이었습니다. 그렇지만 수많은 어려움 을 통하여 그의 신앙은 연단을 받았습니다. 그러했기에 '하나님 을 의지하면 하나님이 이루신다'고 하는 확신에 찬 믿음의 고백 을 할 수 있었던 것입니다.

2) 하나님이 이루심

본문은 "그를 의지하면 그가 이루시고"라고 말씀하고 있습니 다(5절 후반절). '이루시고'로 번역된 히브리어는 '야아세'로, 원 형은 '아사(עשׂה)'입니다. 그리고 본문에서는 '완성하다'라는 의 미로 사용되었습니다. 하나님은 하나님을 의지하는 사람에게 역 사하셔서 그의 남은 인생을 책임지시고 완성시키십니다.

그러하시기에 하나님은 예레미야 33장 2절로부터 3절에서 "일 을 행하시는 야훼, 그것을 만들며 성취하시는 야훼, 그의 이름을 야훼라 하는 이가 이와 같이 이르시도다 너는 내게 부르짖으라 내가 네게 응답하겠고 네가 알지 못하는 크고 은밀한 일을 네게 보이리라"고 말씀하셨던 것입니다. 하나님을 의지한다는 것은 우리의 힘과 노력보다 하나님을 더 의지하는 것을 기도로 보여드리는 것입니다. 그리고 문제가 어려우면 어려울수록 더욱 크게 부르짖어 기도하는 것입니다. 그러할 때 하나님은 우리의 기도에 응답하셔서 우리를 향한 하나님의 계획을 완성하십니다.

잠언 16장 3절은 "너의 행사를 야훼께 맡기라 그리하면 네가 경영하는 것이 이루어지리라"고 말씀합니다. 그러므로 여러분의 모든 행사를 하나님께 맡기십시오. 그러면 여러분이 경영하는 모든 일들이 하나님의 뜻 안에서 이루어지며 완성될 것입니다.

3. 하나님을 기뻐하고 맡길 때 받는 은혜

우리는 종종 시편 37편을 대할 때 우리의 소원을 이루는 비결이나 형통한 인생을 사는 방법을 찾는 정도에만 머무릅니다. 그렇지만 시편 37편을 통하여 정말 다윗이 말하고 싶은 것은 '그러니까 의롭게 살라'는 것입니다. 다윗은 현재는 아무리 악인이 득세하는 것 같아도 결국 하나님은 의로운 자의 손을 들어주시니 절망하지 말고 계속해서 의롭게 살라는 것을 말하고 싶었던 것입니다. 그러므로 본문 6절의 "네 의를 빛 같이 나타내시며 네 공의를 정오의 빛같이 하시리로다"라는 말씀은 하나님을 의지하고 의롭게 살아가는 사람의 인생은 결국 헛되지 않음을 약속합니다.

1) 두 가지 인생길

시편 37편에는 두 가지 인생길을 걷는 사람들이 나옵니다. 한쪽은 하나님 앞에서 의롭게 살아갑니다. 그러나 다른 한쪽은 악을 행하며 살아갑니다. 현재의 모습만 보면 악을 행하는 자들이 형통한 것 같습니다. 그 길이 많은 사람들이 걸어가는 넓고 좋은 길 같습니다. 그러다보니 다윗도 마음에 혼란이 찾아오고, 믿음이 흔들릴 때도 있었을 것입니다.

그러나 다윗이 내린 결론이 무엇입니까? 그래도 하나님이 기뻐하시는 의로운 길을 선택해야 한다는 것입니다. 그리고 예수님도 이러한 길을 선택하라고 말씀하셨습니다. "좁은 문으로 들어가라 멸망으로 인도하는 문은 크고 그 길이 넓어 그리로 들어가는 자가 많고 생명으로 인도하는 문은 좁고 길이 협착하여 찾는 자가 적음이라"(마 7:13-14). 우리는 좁은 문으로 들어가기를 힘써야 합니다. 그곳에 생명이 있기 때문입니다.

본문에서 말하는 '의'는 하나님을 전적으로 의뢰하여 신뢰할 수 없는 상황 속에서도 흔들림이 없이 믿고 의지하는 것을 말합니다. 그러므로 성도는 눈에 보이는 것이 없고, 귀에 들리는 것이 없으며 손에 잡히는 것이 없어도 하나님이 말씀하셨기에 인내하며 믿음의 길을 걸어가야 하는 것입니다. 그러면 하나님이 그를 밝은 길로 인도하시고 최종적으로는 영원한 빛이 있는 천국으로 이끄시는 것입니다.

그러므로 이 땅을 사는 동안 세상이 아무리 죄로 캄캄하게 되었다고 해도 절망하지 마시기 바랍니다. 하나님은 여러분을 세상의 빛으로 부르셨습니다. 그리고 여러분이 하나님의 의를 따라 살아갈 때 여러분을 높이셔서 여러분의 의를 빛 같이 나타내시되 정오의 빛 같게 하실 것입니다.

2) 형통한 인생의 비결

사람들은 다들 형통한 인생을 살기를 원합니다. 그런데 진정한 형통이 무엇입니까? 그 마지막 목표 지점이 생명인 길입니다. 중간에 아무리 많은 것을 모아두었다고 해도 마지막이 멸망이라면 그 길은 형통한 인생이라고 할 수 없는 것입니다. 그리고 지금 아무리 즐거움을 누리고 있다고 해도 그것이 결국 파멸로 이어진다면 그것 또한 형통하다고 말할 수 없습니다.

어느 주일 저녁이었습니다. 두 명의 젊은이가 도박장으로 가고 있었습니다. 그런데 공교롭게도 그 도박장 바로 옆에는 한 작은 교회가 있었습니다. 아무 생각 없이 도박장으로 들어가던 두 청년 중 한 명은 우연히 교회 입구에 적혀있던 그 주일의 설교 제목을 보게 되었습니다. 거기에는 '죄의 삯은 사망이다'라고 쓰여 있었습니다. 그 글귀를 보자 그 청년의 마음에 갑자기 죄 의식이 생기기 시작했습니다. 그래서 다른 친구에게 도박장에 가지 말고 교회에 가자고 했습니다. 그러나 그 친구는 단번에 거절했습니다. 결국 한 사람은 처음 결심한 대로 도박장으로 갔고, 다른 사람은 교회로 들어갔습니다. 그리고 그날 교회에 가서 예배를 드린 청년은 설교 말씀을 듣고 예수 그리스도를 구주로 영접하고 새사람으로 거듭나는 체험을 했습니다.

그때 회심한 청년은 그로부터 30년이 지난 후 미국의 대통령으로 취임하게 되었습니다. 그가 바로 미국의 22번째와 24번째 대통령인 스티븐 그로버 클리블랜드(Stephen Grover Cleveland)입니다. 그리고 그가 대통령에 취임하는 날, 30년 전 도박장을 선택했던 친구는 감옥에서 자신의 친구가 대통령으로 취임하는 기사를 읽고 있었습니다.

그리스도인도 때로는 실수하고 넘어집니다. 그러나 성경은 "야훼께서 사람의 걸음을 정하시고 그의 길을 기뻐하시나니 그는 넘어지나 아주 엎드러지지 아니함은 야훼께서 그의 손으로 붙드심이로다"라고 약속하고 있습니다(시 37:23-24). 의인의 삶은 매 순간 하나님이 인도하시고 붙드시기에 결국 의인이 승리하는 것입니다. 그래서 잠언 23장 17절로부터 18절은 "네 마음으로 죄인의 형통을 부러워하지 말고 항상 야훼를 경외하라 정녕히 네 장래가 있겠고 네 소망이 끊어지지 아니하리라"라고 말씀합니다.

시편 34편 8절은 "너희는 야훼의 선하심을 맛보아 알지어다 그에게 피하는 자는 복이 있도다"라고 말씀합니다. 사람을 보며 세상을 보면 낙심하게 됩니다. 그러나 하나님을 바라보면 소망이 생깁니다. 그리고 하나님께 피하는 자는 하나님의 보호하심 가운데 거하게 됩니다. 그러므로 고난 중에도 하나님으로 인하여 기뻐하시기 바랍니다. 문제를 만났을 때 하나님께 맡기시기 바랍니다. 그리고 하나님이 기뻐하시는 의로운 길을 걸어가시기 바랍니다. 반드시 마음의 소원이 이루어질 것이며, 여러분을 향한 하나님의 뜻이 완성될 것입니다. 여러분을 통하여 하나님의 의가 온 세상에 가득 비추이게 되기를 주님의 이름으로 축원합니다.

마음의 소원을 이루는 영적 법칙 1

하나님을 기뻐하고 맡기라

우리의 소원이나 기도가 하나님의 뜻과 계획에 합당하지 않으면 하나님은 소원을 이루어 주시지 않으십니다. 그러므로 마음의 소원을 이루기 위해서는 하나님을 기뻐하고 하나님께 맡겨야 합니다.

1. 하나님을 기뻐하라

하나님을 기뻐하는 것은 하나님 안에서 기뻐하며 즐거워하고 행복한 삶을 영위하는 것입니다. 그리고 하나님의 모든 행사와 섭리를 선한 것으로 인정하고 받아들이는 것입니다. 그리고 이렇게 하나님을 기뻐하기 위해서는 하나님을 사랑해야 합니다.

2. 하나님께 맡기라

하나님께 맡기는 것은 크게는 인생을 맡기는 것이며, 작게는 계획을 맡기는 것입니다. 하나님이 내 인생의 주관자가 되심을 인정하고 내 인생의 목적과 그 목적을 이루기 위한 계획을 하나님께 맡겨야 합니다.

3. 하나님을 기뻐하고 맡길 때 받는 은혜

하나님을 기뻐하며 살고 하나님께 맡긴 인생은 결코 헛되지 않습니다. 하나님이 사는 동안 지키시고 인도하실 뿐만 아니라 인생의 마지막에 영원한 빛이 있는 천국에 이르게 하시기 때문입니다.

 하나님이 기뻐하시는 의로운 길을 걸어가시기 바랍니다. 그리고 문제를 만났을 때는 하나님께 맡기시기 바랍니다. 그러면 반드시 마음의 소원이 이루어질 것입니다.

마음의 소원을 이루는

영적 법칙

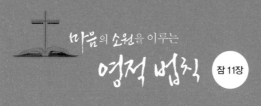

마음의 소원을 이루는
영적 법칙 잠 11장

PART 2

선한 소원을
품으라

잠언 11:23

선한 소원을 품으라

잠언 11:23

●

"의인의 소원은 오직 선하나 악인의 소망은 진노를 이루느니라"(잠 11:23).

　　사람들은 무엇을 '선하다' 말하고 무엇을 '악하다' 말합니까? 오늘날의 세대는 안타깝게도 무엇이 선하고 무엇이 악한지 분별하지 못하는 세대입니다. 정치, 경제, 사회를 보거나 TV나 인터넷 등에서 제공되는 드라마나 영화, 노래 등을 보면 선과 악의 기준이 점점 모호해지고 있습니다. 때로 불륜이나 동성애를 미화하고 찬양하기까지 합니다. 성공하기 위해 서로 밟고 일어서는 것이 당연시되고 배신하고 원수 갚는 것을 통쾌하게 여깁니다. 분별하지 않고 아무 생각 없이 보고 즐기다보면 가랑비에 옷 젖듯이 세상 문화와 기준을 내 생각의 기준으로 삼게 되는 것입니다.

그러나 하나님은 선한 것과 악한 것을 구별할 수 있도록 성경을 우리에게 주셨습니다. 그리고 성령님을 통하여 선한 양심을 주셨습니다. 그렇다면 선한 것과 악한 것의 기준이 사라진 이때에 그리스도로 말미암아 의롭게 된 우리는 어떻게 살아야 할까요? 또한 성경은 우리에게 "의인의 소원은 오직 선하나 악인의 소망은 진노를 이루느니라"라고 말씀하고 있는데, 어떤 소원이 의인의 소원일까요? 성경을 통하여 무엇이 선하고, 무엇이 악한지 살펴보겠습니다. 그리고 선한 소원은 무엇인지에 대해 상고해 보도록 하겠습니다.

1. 선하신 하나님의 소원

우리는 하나님만이 유일하게 선하시다는 것과 하나님의 말씀 또한 선하다는 것을 알아야 합니다. 예수님은 "네가 어찌하여 나를 선하다 일컫느냐 하나님 한 분 외에는 선한 이가 없느니라"고 말씀하셨습니다(막 10:18). 이 말씀은 '예수님은 선하지 않고 하나님만 선하시다'는 뜻이 아닙니다. 예수님은 "이 세상에는 선한 사람이나 선한 것이 없다. 오직 하나님만이 선하시다"는 것을 말씀하시려는 것입니다. 다시 말해, 하나님만큼 선한 분은 없으시다는 것입니다. 예수님은 오직 하나님만을 높이시고 하나님만을 나타내셨던 것입니다.

1) 하나님 아버지의 소원

인간을 지으실 때 하나님은 선하신 하나님의 형상을 따라 인간을 선하고 아름답게 지으셨습니다. 그러나 아담과 하와는 불순종하여 죄인이 되었고, 저주와 형벌 아래 있게 되었습니다. 사실 하나님이 아담과 하와에게 선악을 알게 하는 나무의 실과를 따먹지 말라고 한 것은 "선과 악을 구별하고 결정짓는 것은 오직 하나님만이 하실 수 있다"는 사실을 말해줍니다. 그러나 아담과 하와 이후의 인간들은 "내가 보기에 이것은 선이고 저것은 악이다"라고 판단하여, 하나님이 선하게 여기시는 일을 부정하고 하나님의 말씀에 불순종하여 죄를 짓게 되었습니다.

구약성경에 나오는 사울 왕을 보면, 그는 하나님이 아말렉을 쳐서 그들의 모든 소유를 진멸하라고 말씀하셨음에도 불구하고 하나님의 말씀을 거역했습니다. 그는 사람들을 두려워하여 하나님의 말씀보다 사람의 말에 더 귀를 기울였던 것입니다. 그래서 하나님의 말씀을 어기고 양과 소를 살려두었습니다. 그 결과 하나님께 버림을 받게 됩니다. 이처럼 불순종의 결과는 심판인 것입니다.

사울 왕뿐이 아닙니다. 선하신 하나님의 뜻에서 벗어나 죄 가운데 살아가는 사람들의 결과는 심판입니다. 성경은 "한번 죽는 것은 사람에게 정해진 것이요 그 후에는 심판이 있으리니"라고 말씀합니다(히 9:27).

그런데 선하신 하나님이 소원하시는 것이 있습니다. 그것은 우리를 사랑하사 우리를 영원한 죽음에서 살리시는 것입니다. 그래서 예수님은 아버지 하나님의 이 뜻을 품고, 십자가에 올라가서 몸 찢고 피를 흘려 우리를 위하여 죽으셨습니다. 이 모든 것은 아버지의 선하신 뜻을 이루기 위해서 예수님이 하신 일입니다.

2) 목숨을 버리신 선한 목자

예수님은 하나님 아버지의 선한 소원을 품고 우리를 살리시기 위해 십자가에 오르시고 자기 목숨을 버리셨습니다. 요한복음 10장 14절로부터 15절은 "나는 선한 목자라 나는 내 양을 알고 양도 나를 아는 것이 아버지께서 나를 아시고 내가 아버지를 아는 것 같으니 나는 양을 위하여 목숨을 버리노라"고 말씀합니다. 예수님이 하나님 아버지의 선한 소원을 품고 십자가에서 이루신 일을 보면서 우리는 과연 어떠한 소원을 품어야 하는지 생각해 보아야 합니다.

대부분의 사람들은 자기 자신을 위해서 목표를 세우고 기도합니다. 그리고 그 기도제목은 대부분 하나님의 영광보다는 자기 자신을 위한 소원일 때가 많습니다. 어찌하든지 하나님을 동원시켜 인간적인 야망, 계획, 꿈을 펼쳐나가려고 하는 것입니다. 그래서 이것 때문에 싸움이 일어나기도 합니다. 이기적인 사람들이 모여서 서로 자신의 소원만 이루려고 하니 그곳에 다툼이 있는 것은 당연한 것입니다.

하지만 우리는 예수님이 하나님 아버지의 소원을 가슴에 품고 그 뜻을 이루는 것을 목표와 소원으로 삼으셨던 것처럼 우리를 향한 하나님의 뜻을 마음에 품고 그 뜻을 이루기 위한 소원과 목표를 가지고 살아야 합니다.

그리고 이것은 자신을 부인하고 십자가를 지고 걸어가는 신앙만이 이룰 수 있습니다. 그래서 하나님의 소원을 이루기 위하여 십자가를 지신 예수님은 "누구든지 나를 따라오려거든 자기를 부인하고 자기 십자가를 지고 나를 따를 것이니라"라고 말씀하셨던 것입니다(마 16:24).

빌립보서 2장 13절은 "너희 안에서 행하시는 이는 하나님이시니 자기의 기쁘신 뜻을 위하여 너희에게 소원을 두고 행하게 하시나니"라고 말씀합니다. 그러나 마귀는 우리가 육신의 정욕, 안목의 정욕, 이 세상 자랑을 좇아서 잘못된 마음의 소원과 목표와 계획을 갖도록 합니다. 그러므로 우리는 "하나님이 우리를 통해서 이루고자 하시는 아버지의 소원이 무엇인가?" 잘 분별하여 아버지의 소원이 나의 소원이 되고, 주의 뜻이 나의 뜻이 되는 마음의 꿈과 소원과 목표와 기도제목을 가져야 합니다.

하나님만이 우리가 가는 길을 아십니다. 그리고 자기를 부인하고 십자가를 지고 예수님을 따를 때, 우리는 하나님의 소원을 알고 바른 소원을 품을 수 있습니다. 그러므로 예수님을 따르는 삶을 통해 하나님의 소원을 알고, 그 소원을 마음에 품고 이루며 사시기 바랍니다.

2. 의인과 악인의 소원

세상에는 '의인의 소원'과 '악인의 소원', 이렇게 두 개의 소원이 충돌하고 있습니다. '의인'과 '악인'이 각각 소원을 가지기 때문입니다. 때로 현실 속에서 '의인의 소원'은 '악인의 소원' 때문에 좌절되는 것처럼 보이기도 합니다. 왜냐하면 악인은 죄와 폭력을 사용해서라도 자신의 소원을 이루려고 하기 때문입니다.

그렇지만 본문은 "의인의 소원은 오직 선하나 악인의 소망은 진노를 이루느니라"고 말씀합니다(잠 11:23). 악인의 소망의 결과는 진노인 것입니다. 하나님은 공의로우시기에 악인이 그의 소원대로 이루도록 방관만 하고 계시지는 않으시기 때문입니다.

그래서 시편 1편은 하나님이 기뻐하시는 의의 길을 걷는 사람을 복 있는 사람이라고 말씀합니다(시 1:1). 그리고 5절에서 6절을 통해 "그러므로 악인들은 심판을 견디지 못하며 죄인들이 의인들의 모임에 들지 못하리로다 무릇 의인들의 길은 야훼께서 인정하시나 악인들의 길은 망하리로다"라고 결론을 내립니다. 따라서 우리는 의의 길을 걸어야 하며, 의로운 소원을 가져야 합니다. 그것을 위하여 의인이 품은 소원은 어떠한 소원이며 악한 마음의 결과는 무엇인지 좀 더 자세히 살펴보겠습니다.

1) 의인이 품은 소원

예수님을 구주로 영접하고 의롭게 되기 전에 우리는 악인이었습니다. 그러나 이제 우리는 우리의 죄를 고백하고 예수 그리스도를 우리의 마음에 구주로 모심으로 말미암아 의인이라 칭함을 받게 되었습니다. 그리고 하나님 안에서 의로운 소원을 품을 수 있게 되었습니다. 그렇다면 하나님 안에서 소원을 품는다는 것은 어떤 것을 의미할까요? 선하신 하나님은 우리에게 어떠한 삶을 요구하실까요?

미가 6장 8절은 "사람아 주께서 선한 것이 무엇임을 네게 보이셨나니 야훼께서 네게 구하시는 것은 오직 정의를 행하며 인자를 사랑하며 겸손하게 네 하나님과 함께 행하는 것이 아니냐"라고 말씀합니다. 이 말씀을 통하여 하나님이 우리에게 요구하시는 것이 정의를 행하며, 인자(仁慈)를 사랑하며, 겸손이라는 것을 알 수 있습니다. 따라서 우리의 모든 소원은 이러한 바탕 위에 세워야 합니다.

먼저 우리는 정의를 행해야 합니다. '정의'란 사전적 의미로 '진리에 맞는 올바른 도리'입니다. 또한 정의는 정직함과 의로움의 결합입니다. 아무리 내게 유익을 주는 일이라고 해도 그 일이 불의한 일이라면 그것은 악인의 소원이 되는 것입니다.

또한 인자를 사랑해야 하는데, 내 성공을 위해 남을 짓밟고 희생시킨다면 이러한 소원은 의인의 소원이라고 말할 수 없는 것입니다.

그리고 하나님 앞에서 자신을 낮추고 하나님만을 높여야 합니다. 나를 높이고 하나님의 영광을 가리는 일이라면 결코 의인의 소원이라고 말할 수 없는 것입니다.

그러므로 정의를 행하며 인자를 사랑하며 겸손하게 하나님과 동행해야 합니다. 그러한 삶 가운데 하나님이 꿈을 주시고 소원을 주십니다. 그리고 이러한 소원이야말로 잃어버린 영혼들을 구원하고, 사람을 살리고, 하나님의 뜻이 이 땅 가운데 이루어지는 소원이라고 할 수 있습니다.

2) 악한 마음의 결과

악한 소원의 결과는 진노입니다. 이 진노는 먼저 하나님의 진노를 의미합니다. 공의의 하나님이 악을 관망치 아니하시고 진노하셔서 심판하시는 것입니다. 그리고 이 진노는 스스로 파멸에 이르는 것 또한 의미합니다. 악인은 누가 건드리지 않아도 그 악이 스스로를 파괴하는 것입니다.

그런데 악한 소원은 악한 마음에서 나옵니다. 그리고 이러한 악한 마음은 마귀가 가져다줍니다. 마귀는 우리의 마음에 탐욕과 욕심을 넣어주고 교만함을 가져다줍니다. 그리고 끝내 이것은 하나님의 심판을 자초하게 됩니다.

그래서 우리는 첫 번째로 우리의 마음을 잘 지켜야 합니다. 성경은 "모든 지킬 만한 것 중에 더욱 네 마음을 지키라 생명의 근원이 이에서 남이니라"고 말씀하고 있습니다(잠 4:23). 마음이 무엇보다 중요합니다. 마음은 내가 무엇을 보고, 무엇을 듣느냐에 큰 영향을 받습니다. 그러므로 우리가 하나님의 말씀을 눈으로 보고 듣고, 마음으로 생각하고, 꿈을 꾸고, 입으로 고백한다면 이는 하나님께 축복을 받는 길이 됩니다. 나도 모르게 이 모든 것이 내 마음의 그릇에 담겨지고 내 생각을 주장하는 양식이 되기 때문입니다.

두 번째로 말을 조심해야 합니다. 사람은 무엇이든지 마음에 가득한 것이 언젠가는 입으로 나오게 되어 있습니다. 마태복음 12장 34절에서 37절은 "독사의 자식들아 너희는 악하니 어떻게 선한 말을 할 수 있느냐 이는 마음에 가득한 것을 입으로 말함이라 선한 사람은 그 쌓은 선에서 선한 것을 내고 악한 사람은 그 쌓은 악에서 악한 것을 내느니라 내가 너희에게 이르노니 사람이 무슨 무익한 말을 하든지 심판 날에 이에 대하여 심문을 받으리니 네 말로 의롭다 함을 받고 네 말로 정죄함을 받으리라”고 말씀합니다. 그리고 또한 “네 입의 말로 네가 얽혔으며 네 입의 말로 인하여 잡히게 되었느니라”고 말씀하고(잠 6:2), “죽고 사는 것이 혀의 힘에 달렸나니 혀를 쓰기 좋아하는 자는 혀의 열매를 먹으리라”고 말씀합니다(잠 18:21). 그러므로 우리는 말을 조심해야 합니다. 입으로 한 말은 씨가 되어 열매를 맺고 그것을 우리가 먹게 됩니다.

이처럼 마음이 가장 중요함을 깨닫고 마귀가 마음에 갖다 주는 상처, 원한, 시기, 질투, 의심, 독선, 이기심을 물리치고 버리십시오. 항상 마음을 지키고 살피시기 바랍니다. 그리고 항상 선한 말을 하고, 남을 축복해주십시오. 그러면 이것이 열매를 맺고 우리의 양식이 될 것입니다.

3. 선한 소원을 품기 위한 방법

에베소서 2장 10절은 “우리는 그가 만드신 바라 그리스도 예수 안에서 선한 일을 위하여 지으심을 받은 자니 이 일은 하나님이 전에 예비하사 우리로 그 가운데서 행하게 하려 하심이니라"라고 말씀하고 있습니다. 선하신 하나님의 자녀가 된 우리는 선한 소원을 품고 살아야 합니다. 그렇다면 선한 소원을 품기 위해서 우리는 어떻게 해야 할까요?

1) 선한 것을 분별하라

선한 소원을 품으려면 과연 무엇이 선한 것인지 바르게 알아야 합니다. 그런데 때가 악하기에 자세히 주의하지 아니하면 쉽게 분별력을 잃고 하나님의 선한 뜻을 놓치게 됩니다. 그래서 성경은 "그런즉 너희가 어떻게 행할지를 자세히 주의하여 지혜 없는 자 같이 하지 말고 오직 지혜 있는 자 같이 하여 세월을 아끼라 때가 악하니라 그러므로 어리석은 자가 되지 말고 오직 주의 뜻이 무엇인가 이해하라"고 말씀합니다(엡 5:15-17).

그러므로 우리는 하나님의 뜻이 무엇인지 이해하기 위하여 하나님의 말씀을 배우는 일에 더욱 힘을 기울이고, 깨어 기도에 힘써야 합니다.

또한 예수님은 "보라 내가 너희를 보냄이 양을 이리 가운데로 보냄과 같도다 그러므로 너희는 뱀 같이 지혜롭고 비둘기 같이 순결하라"고 말씀하셨습니다(마 10:16). 뱀 같이 지혜롭고 비둘기 같이 순결하기 위하여 우리는 순간순간 성령님께 지혜를 구해야 합니다.

더불어 성경은 "범사에 헤아려 좋은 것을 취하고 악은 어떤 모양이라도 버리라"고 말씀하고 있습니다(살전 5:21-22). 때가 악하기에 악은 어떤 모양이라도 버리겠다는 단호한 결단이 필요한 것입니다.

2) 선한 일을 계획하라

하나님이 선하게 여기시는 일이 무엇인지 바르게 분별했다면 그 다음으로 우리는 선한 일을 계획해야 합니다.

'논 씨비(Non Sibi)'란 말이 있습니다. 라틴어인데 '나 자신을 위해서가 아닌'이라는 뜻입니다. 이 말은 나 자신을 위해서가 아니라 다른 사람을 위하여, 넓게는 국가와 세계를 위하여, 그리고 하나님의 영광을 위하여 살아야 함을 뜻합니다. 미국에 있는 '필립스 아카데미'라는 명문 사립 고등학교의 건학이념이 바로 이 'Non Sibi'입니다. 설립자는 이 건학이념을 누가복음 6장 38절의 "주라 그리하면 너희에게 줄 것이니 곧 후히 되어 누르고 흔들어 넘치도록 하여 너희에게 안겨 주리라 너희가 헤아리는 그 헤아림으로 너희도 헤아림을 도로 받을 것이니라"는 말씀과 고린도전서 10장 31절의 "그런즉 너희가 먹든지 마시든지 무엇을 하든지 다 하나님의 영광을 위하여 하라"는 말씀에서 영감을 받았다고 합니다. 이러한 건학이념을 통해 이 학교는 220년 동안 각계 지도자를 배출하여 미국 뿐 아니라 세계 최고의 고등학교 중 하나로 인정을 받고 있습니다.

흔히 부모들은 자녀에게 "공부해서 남주냐?"라고 말합니다. 그러나 나의 성공만을 위해 공부하는 사람은 당장은 공부에 도움이 될지 모르지만 훗날 자신만을 위해 사는 사람이 되기 쉽습니다. 우리는 공부해서 남 주는 사람이 되어야 하고 복음을 들고 복음을 나눠주는 사람이 되어야 합니다.

존 맥스웰은 『당신 안에 잠재된 리더십을 키우라』는 그의 저서에서 이렇게 말했습니다.

"지도자는 자기가 가본 길 보다 더 멀리 사람들을 인도할 수 없다. 그러므로 비전의 중심은 지도자에게 있다. 나는 성공을 이렇게 정의한다. 하나님을 알고 나를 향한 그분의 소원을 아는 것이다. 내가 가진 최대한의 가능성을 키우며, 다른 사람에게 유익을 주는 씨 뿌리기다."

그러므로 하나님의 선하신 뜻을 분별하고 그 일을 이루기 위하여 계획을 세우고 최선을 다하시기 바랍니다. 그러면 반드시 하나님이 그 선한 소원을 축복하셔서 아름답게 열매 맺게 하실 것입니다.

잠언 10장 28절은 "의인의 소망은 즐거움을 이루어도 악인의 소망은 끊어지느니라"라고 말씀합니다. 의인은 그 '바라는 바'가 결국 모두 이루어지기에 삶 가운데 기쁨을 맛보게 될 것입니다. 반대로 악인이 소망하는 것은 결국에는 망하게 될 것입니다. 그러므로 악한 세대에 물들지 아니하고 하나님의 선하신 뜻을 바르게 분별하여 늘 선한 소원을 가지고 사시기 바랍니다. 그리고 잠시 어려움을 겪게 된다고 해도 중간에 포기하지 말고 끝까지 인내하시기 바랍니다. 반드시 소원이 이루어지게 될 것입니다.

마음의 소원을 이루는 영적 법칙 2

선한 소원을 품으라

하나님은 선한 것과 악한 것을 구별할 수 있도록 성경을 우리에게 주셨습니다. 그리고 성령님을 통하여 선한 양심을 주셨습니다. 그러므로 우리는 성경을 통하여 무엇이 선한 것인지 바르게 깨닫고 선한 양심을 따라 선한 소원을 품어야 합니다.

1. 선하신 하나님의 소원

선하신 하나님은 우리를 사랑하사 영원한 죽음에서 살리기를 소원하십니다. 그래서 예수님은 하나님 아버지의 선하신 소원을 품고 우리를 살리시기 위하여 십자가에 오르시고 자신의 생명을 내어주셨습니다.

2. 의인과 악인의 소원

하나님은 우리가 정의를 행하며 인자하게 살고 겸손하기를 원하십니다. 의인의 소원은 이러한 하나님의 뜻에 바탕을 두고 이루어집니다. 그러나 악인의 소원은 탐욕과 교만 속에서 나와 이기적인 방식으로 이루어집니다. 따라서 의인의 소원과 악인의 소원은 그 결과가 다릅니다.

3. 선한 소원을 품기 위한 방법

선한 소원을 품으려면 먼저 무엇이 선한 것인지 바르게 알아야 합니다. 그리고 하나님의 뜻을 깨닫고 이해하기 위하여 열심히 하나님의 말씀을 배워야 합니다. 더불어 영적인 분별력을 가질 수 있도록 깨어 기도해야 합니다.

 때로 의인의 소원이 악인의 소원에 의하여 좌절되는 것처럼 보일 때에도 절망하지 마십시오. 공의의 하나님이 반드시 심은 것에 합당하게 거두게 하실 것입니다.

마음의 소원을 이루는

영적 법칙

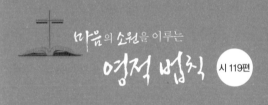

마음의 소원을 이루는
영적 법칙 시 119편

PART 3

주의 말씀을
들으라

시편 119:49-50

주의 말씀을 들으라

시편 119:49-50

●

"주의 종에게 하신 말씀을 기억하소서 주께서 내게 소망을 가지게 하셨나이다 이 말씀은 나의 고난 중의 위로라 주의 말씀이 나를 살리셨기 때문이니이다"(시 119:49-50)

중요한 결정을 앞두고 하나님의 뜻은 어디에 있고, 어떤 선택을 해야 하는지 궁금한 사람들이 많을 것입니다. 그런데 시편 119편은 하나님의 뜻은 하나님의 말씀을 통해 나타나고, 그 말씀을 따라 살아갈 때 우리의 삶 속에서 하나님의 역사가 나타난다고 말씀합니다.

하나님의 말씀에 순종하라는 주제를 가진 시편 119편은 8행을 한 묶음으로 하여 각 묶음마다 맨 앞에 22개의 히브리어 알파벳이 한 글자씩 순서대로 나와서 모두 176행으로 구성되어 있으며 전체 시편 150편 가운데 가장 긴 시편입니다. 더불어 본 시편은 시편 1편 및 19편과 그 내용에 있어서 서로 연결되어 있습니다. 시편 1편과 마찬가지로, 본 시편은 주의 법을 즐거워하고, 그 법을 항상 묵상해야 한다고 말합니다. 또한 시편 19편과 마찬가지로, 본 시편은 더 나은 삶을 가져다주는 주의 법의 측량할 수 없는 가치에 대해서 말합니다.

따라서 시편 119편을 통하여 우리는 하나님의 말씀을 늘 가까이 하고 묵상해야 함을 깨닫게 됩니다. 하나님의 말씀을 가까이 할 때 그 말씀이 우리를 변화시킬 것입니다. 그리고 우리를 향한 하나님의 소원에 한 걸음 더 다가가게 만들 것입니다. 또한 하나님의 말씀은 우리에게 소망을 주고, 그 소망은 다시 우리를 하나님의 말씀 가까이로 인도할 것입니다. 본문을 통하여 우리가 가진 소망의 보장이 되시는 하나님의 말씀에 대하여 깨닫게 되고, 그 말씀으로 말미암아 삶의 변화를 체험하게 되시기 바랍니다.

1. 말씀이신 하나님

첫 번째로 하나님은 말씀이십니다. 요한복음 1장 14절은 "말씀이 육신이 되어 우리 가운데 거하시매 우리가 그의 영광을 보니 아버지의 독생자의 영광이요 은혜와 진리가 충만하더라" 고 말씀합니다. 말씀이신 예수님은 인간의 몸으로 이 땅에 오셨고, 예수님을 통하여 사람들은 하나님을 볼 수 있었습니다.

그래서 요한복음 1장 18절은 "본래 하나님을 본 사람이 없으되 아버지 품 속에 있는 독생하신 하나님이 나타내셨느니라"라고 말씀하고 있는 것입니다. 하나님은 영이시기에 이 세상 사람 가운데 그 누구도 볼 수 없지만 예수님이 인간의 몸으로 이 땅에 오셔서 하나님을 나타내셨던 것입니다.

이처럼 하나님은 눈에 보이지 않으시지만 말씀을 통하여 당신을 나타내셨습니다. 그리고 하나님의 약속 또한 눈에 보이지는 않지만 말씀을 통하여 주어집니다.

1) 말씀으로 함께하시는 주님

하나님은 태초에 말씀으로 천지를 창조하셨습니다. 오늘날 우리가 살고 있는 눈에 보이는 세계와 눈에 보이지 않는 모든 세계 그리고 이 가운데 들어찬 모든 것을 다 하나님이 디자인하시고 말씀을 통하여 지으신 것입니다. 그리고 이 말씀이 육신이 되어 이 땅에 오신 분이 바로 독생자 예수 그리스도이십니다. 예수님은 사람들에게 하나님을 나타내시는 살아있는 말씀이셨습니다.

예수님은 인류를 구원하기 위해 십자가에서 죽으시고, 사흘 만에 부활하셨으며, 제자들이 보는 앞에서 승천하셨습니다. 그리고 예수님은 승천하시면서 성령님에 대하여 약속하셨는데, 약속대로 오순절날 성령님이 제자들에게 임하셨습니다. 그리고 이제 누구든지 예수님을 구주로 믿는 사람 속에 하나님의 영이신 성령님이 오셔서 그 안에 말씀으로 거하게 됩니다. 예수님은 승천하셨기에 더 이상 우리 곁에 육신으로 계시지 않지만 성령님을 통해 우리 안에 말씀으로 거하시는 것입니다.

이처럼 태초부터 계신 말씀은 지금 우리와 말씀으로 함께하고 계십니다. 눈에 보이지 않고, 귀에 들리지 않으며, 손에 잡히지 않아도 말씀 가운데 우리와 함께하고 있는 것입니다. 그리고 하나님은 이 말씀을 통하여 우리 마음의 생각을 주관하십니다. 하나님의 말씀은 살아 운동력이 있어 우리의 심령과 관절과 골수를 찔러 쪼개어 우리로 깨닫게 하시고 삶이 변화되게 하셔서 거룩한 백성으로 살아가게 하시는 것입니다.

2) 말씀으로 약속하시는 주님

하나님은 말씀으로 함께 하실 뿐만 아니라 우리에게 약속을 주십니다. 따라서 우리가 이 약속의 말씀을 의지하고 나아가면 약속의 말씀이 우리 가운데 역사하여 하나님의 축복된 삶을 살도록 하여 주시는 것입니다.

본문 49절에서 시편 기자는 "주의 종에게 하신 말씀을 기억하소서"라고 기도합니다. 이것은 하나님이 시편 기자에게 개인적으로 특별한 약속을 하신 것을 의미합니다. 하나님의 말씀은 '로고스(λογος)'와 '레마(ρημα)' 두 가지로 나뉩니다. '로고스'의 말씀은 하나님이 우리에게 주신 66권의 성경 말씀으로서, 요한복음 1장 1절에 "태초에 말씀이 계시니라"에 나오는 '말씀'이 바로 '로고스'입니다. 로고스는 단순히 기록되어 있는 일반적인 말씀일 뿐만 아니라, '온 우주가 존재하는 존재의 근본'이라는 뜻도 가지고 있습니다. 로고스는 '진리'인 동시에 '천하 만물을 다 존재하게 하신 창조주 하나님의 근본적 속성'이 되는 것입니다. 따라서 이 말씀은 모든 사람들에게 주어진 약속입니다.

반면, '레마'의 말씀은 성경 66권의 '로고스'의 말씀 가운데서 특별히 마음 가운데 부딪쳐오는 말씀입니다. 이것은 성령님이 오늘 내가 처한 현실 가운데에서 꼭 필요한 하나님의 말씀을 주시는 것입니다.

베드로는 바다 위로 걸어오신 예수님을 바라보고, "만일 주님이시거든 나를 명하사 물 위로 오라 하소서"라고 했습니다(마 14:28). 그 때 예수님이 베드로에게 "오라" 하시자, 베드로는 그 말씀을 붙잡고 바다 위를 걸었습니다. 예수님이 베드로에게 주신 말씀이 바로 레마입니다.

이 레마의 말씀이 우리의 문제에 대한 응답이며, 이 말씀이 우리에게 기적을 일으키는 하나님의 말씀이 됩니다. 그리고 세상을 살아가면서 레마의 말씀을 많이 들으면 들을수록 담대해지고, 삶이 풍성해집니다. 그러므로 우리는 하나님이 우리에게 주시는 '레마'의 말씀을 귀담아 들어야 합니다.

2. 생명의 길이 되시는 말씀

두 번째로 하나님의 말씀은 생명의 길입니다. 시편 119편 105절은 "주의 말씀은 내 발에 등이요 내 길에 빛이니이다"라고 말씀합니다. 인생의 앞날을 알 수 없고 모든 것이 캄캄하기만 할 때, 하나님의 말씀은 내 앞을 비추는 등이요, 빛이 되시는 것입니다.

그러하기에 하나님의 말씀은 우리에게 소망과 위로를 줍니다. 본문 49절로부터 50절은 "주의 종에게 하신 말씀을 기억하소서 주께서 내게 소망을 가지게 하셨나이다 이 말씀은 나의 고난 중의 위로라 주의 말씀이 나를 살리셨기 때문이니이다"라고 말씀합니다.

1) 고난 중에 위로하시는 말씀

예수님은 하늘로 올라가시기 전 "내가 세상 끝날까지 너희와 항상 함께 있으리라"고 약속하셨습니다. 이것은 성령님을 통하여 우리와 항상 함께 하시겠다는 약속이며, 동시에 하나님의 말씀을 통하여 우리와 항상 함께 하시겠다는 약속이기도 합니다.

그리고 우리와 함께 하시는 하나님은 우리가 고난 가운데 있을 때 위로하기를 원하시며, 우리에게 소망을 주시기를 원하십니다. 그때 하나님이 사용하시는 최고의 도구는 바로 말씀입니다. 본문에서도 시편 기자는 하나님의 말씀이 자신에게 소망을 갖게 하셨다고 고백하고 있습니다. 그리고 이 말씀이 자신의 고난 중의 위로라고 고백합니다.

오래 전 루마니아가 공산정권이던 시절에 리차드 범브란트(Richard Wurmbrand) 목사님은 복음을 전하다 감옥에 갇히게 되었습니다. 그가 무려 14년이나 되는 감옥 생활에 절망하지 않고 소망을 잃지 않았던 것은 하나님의 말씀 때문이었습니다. 그는 감옥에서 성경을 계속 읽었습니다. 언제 어떻게 죽을지 모르는 불안과 두려움의 한 복판에서 그의 마음을 강하게 사로잡았던 메시지는 바로 '두려워 말라' 는 말씀이었습니다.

성경에서 이 단어가 나올 때마다 그는 새로운 용기를 얻었습니다. 그리고 성경 한 권을 다 읽은 후 '두려워하지 말라'는 말씀 밑에 일일이 줄을 쳤습니다. 그러다가 '두려워하지 말라' 는 말씀이 성경전체에 몇 번이나 나오는지 궁금하여 세어보았습니다. 정확히 365번이었습니다. 이 사실을 알고 난 범브란트 목사님은 무릎을 치면서 소리 쳤습니다.

"그렇다. 하나님은 나에게 1년 365일 날마다 두려워하지 말라고 말씀하신다."

이처럼 우리는 하나님의 말씀을 통해 하나님의 약속을 발견하게 되고, 소망을 얻게 됩니다. 그리고 고난 가운데 위로를 얻고 믿음의 경주를 인내로 감당하게 됩니다. 그러하기에 우리는 "소망 중에 즐거워하며 환난 중에 참으며 기도에 항상 힘쓰며" 살아갈 수 있습니다(롬 12:12).

2) 하나님의 말씀을 듣는 자세

그런데 이렇게 말씀을 통하여 소망을 얻기 위해서는 먼저 하나님의 말씀을 귀담아 들어야 합니다. 하나님의 말씀이 선포될 때, 그 말씀을 듣고 믿음으로 받아 진리를 깨닫고 자유하게 됩니다. 말씀을 들어야 믿음이 생기고, 말씀을 들어야 축복을 받게 되는 것입니다. 그럼 귀담아 듣는다는 것은 무엇을 의미합니까?

어느 날 예수님이 바닷가를 거닐고 계실 때, 사람들이 말씀을 들으려고 모여들기 시작했습니다. 매우 도전적이고 생동감 넘치는 메시지를 전하신 후, 예수님은 말씀하셨습니다. "귀 있는 자는 들으라"(마 13:9).

이 말의 진정한 의미는 무엇일까요? 한 어머니가 방을 향하여 소리를 질렀습니다. "애야, TV를 끄고 잘 준비해라." 아이는 말합니다. "알았어요. 엄마!" 그러나 아이는 TV를 끄거나 자러 갈 낌새가 전혀 없어 보입니다. 5분 후에 어머니는 다시 소리를 지릅니다. "내 말 들었니?" 또 아이는 "알았어요. 엄마!"라고 대답하고 자신이 어머니의 말을 들었다는 것을 알렸습니다. 그러나 어머니가 "내 말 들었니?"라고 물은 진정한 의도는 아이가 말을 듣고 행동할 것을 기대하고 말한 것입니다. 그 다음 어머니의 할 말은 뻔합니다. "애야 귀가 막히지 않았다면 당장 TV 끄고 네 방으로 가거라!"

성경에 "귀 있는 자는 들으라"는 말씀이 굉장히 많이 나옵니다(마 11:15; 계 2:29 등). 왜 이렇게 같은 말씀을 반복적으로 하셨는지 우리는 깊이 생각해 보아야 합니다. 진정한 들음은 들리는 소리를 막연히 듣는 것 뿐만이 아니라, 메시지의 내용을 진지하게 묵상하고 그 다음 어떤 행동으로 그 말씀에 반응할 것인가를 정하는 것입니다.

한 알의 밀이 그냥 있으면 열매를 맺지 못합니다. 이 말씀이 내 마음에 심겨지기 위해서는 말씀을 되새김질해야 합니다. 말씀을 읽고 묵상함으로 마음에 되새김질해야 하는 것입니다. 그리고 마침내 행동으로 말씀에 대한 반응을 해야 합니다. 그러면 하나님은 그 믿음에 응답해 주시고 우리에게 소망과 기쁨이 넘쳐나게 하여 주십니다.

3. 말씀대로 이루시는 하나님

사람은 자신이 말한 것을 다 지킬 수 없습니다. 그의 마음이 자주 변하기 때문이기도 하지만 아무리 마음이 있어도 그의 능력이 뒷받침되지 않기 때문입니다. 마음에는 원이로되 육신이 약한 것입니다.

그러나 하나님은 사람과 다릅니다. 하나님은 반드시 말씀하신 대로 이루십니다. 왜냐하면 하나님은 신실하시며 전능하시기 때문입니다. 이사야 55장 11절은 "내 입에서 나가는 말도 이와 같이 헛되이 내게로 되돌아오지 아니하고 나의 기뻐하는 뜻을 이루며 내가 보낸 일에 형통함이니라"고 말씀하고 있습니다.

1) 말씀 속에서 비전을 찾으라

하나님의 말씀은 하늘에서 내리는 눈이나 비와 같습니다. 하늘에서 눈이나 비가 내리면 땅에 스며들어 땅 위에 사는 모든 동식물들에게 생명을 줍니다. 이처럼 하나님의 말씀은 그 말씀을 듣는 자, 믿는 자, 그리고 입으로 고백하는 자들에게 생명을 주며, 영혼의 양식을 얻게 하고, 하나님의 뜻과 계획을 알게 합니다. 그리고 그에게 하나님의 약속을 갖게 합니다.

그러므로 하나님의 말씀을 소홀히 대해서는 안 됩니다. 히브리서 4장 12절에는 "하나님의 말씀은 살아 있고 활력이 있어 좌우에 날선 어떤 검보다도 예리하여 혼과 영과 및 관절과 골수를 찔러 쪼개기까지 하며 또 마음의 생각과 뜻을 판단하나니"라고 말씀합니다. 하나님의 말씀은 살아 있기에 그 능력이 나타나는 것입니다.

제2차 세계대전 당시 해롤드 러셀(Harold Russell)이라는 청년이 공수부대원으로 참전하였다가 불행하게도 포탄에 맞아 두 팔을 잃게 되었습니다. 그는 이제 "나는 쓸모없는 사람이 되었구나!"라고 절망하던 중에 전도를 받고 교회에 나가게 되었습니다. 어느 날 러셀은 교회에서 '야훼를 앙망하는 자는 새 힘을 얻는다'는 설교를 듣고 그의 마음에 새로운 힘이 솟아났습니다.

그러던 중에 그를 돕고자 하는 의사로부터 쇠붙이로 된 손(의수)을 받게 되었습니다. 그는 그 손으로 글씨도 쓰고 나중에는 타자까지 칠 수 있었습니다.

뿐만 아니라 '우리 생애 최고의 해'(The Best Years Of Our Lives, 1946년)라는 영화에 출연하여 아카데미 남우조연상과 제대 군인들에게 용기를 심어준 것을 기념한 특별명예상까지 받게 됩니다.

하나님의 말씀이 절망 가운데 있던 인생에게 희망을 주어 소망을 가지고 살게 하셨던 것입니다.

그러므로 우리는 어떤 환경 속에서도 하나님의 말씀을 가까이

하여 하나님의 말씀에서 비전을 찾아야 합니다. 그러면 하나님은 우리의 삶에 하나님의 비전을 보여주실 것입니다.

2) 말씀 속에서 미래를 꿈꾸라

더불어 우리는 말씀을 통하여 미래의 꿈을 꾸어야 합니다. 하나님은 우리가 말씀을 묵상하며 기도할 때 꿈을 주십니다. 또한 설교 말씀을 듣는 중에 꿈을 품게도 하십니다. 그러므로 우리는 말씀을 듣는 시간과 묵상하는 시간을 소중히 여겨야 합니다.

미국에 콘라드 힐튼(Conrad Hilton)이라는 사람이 있었습니다. 그는 아주 가난한 집의 아들로 태어났습니다. 그의 아버지는 이곳저곳으로 떠돌아다니는 행상인이었기에 그도 아버지를 따라 떠돌아다니는 행상의 일을 했습니다.

그런데 이곳저곳으로 떠돌아다니다 보니 힘든 일이 있었습니다. 그것은 저녁이 되면 잠자리가 여간 불편한 것이 아니었던 것입니다. 게다가 어떤 때는 잠잘 처소를 찾지 못해서 밖에서 밤을 지새운 적도 한두 번이 아니었습니다. 그래서 그는 어떻게 하면 낮에 장사를 잘하고 저녁이 되면 편안한 잠자리를 가질까 고민했습니다.

그러던 중 어느 날 돌아가신 어머님의 생각이 간절했고 어머님의 무릎 위에 앉아서 듣던 성경구절이 생각났습니다. "믿음은 바라는 것들의 실상이요 보이지 않는 것들의 증거니"(히 11:1).

그리고 자신처럼 떠돌아다니다가 저녁이 되면 찾아 들어가 피곤한 몸을 쉴 수 있는 호텔사업을 하고 싶다고 생각했습니다. 그래서 그는 말씀을 붙들고 기도하기 시작했습니다. 그리고 1924년 달라스에 첫 힐튼 호텔을 세우기 시작하여 세계 곳곳에 힐튼 호텔을 세우게 되었습니다. 하나님이 말씀을 의지하여 기도하는 힐튼의 꿈을 이루어주신 것입니다.

사람들은 어떠한 일을 하다가 어려운 일을 만나게 되면 낙심하여 꿈을 포기하곤 합니다. 그렇지만 하나님의 말씀은 낙심한 우리를 위로하여 힘을 얻게 합니다. 그리고 소망을 갖게 합니다. 시편 119편에 시편 기자가 거듭해서 강조하는 것은 하나님의 말씀을 제일로 여기고 그 말씀을 따라 살라는 것입니다. 그러면 그 말씀이 우리의 삶을 인도하고, 우리의 삶을 변화시키고, 우리의 삶 가운데 하나님의 뜻이 이루어지게 한다는 것입니다. 그러므로 하나님의 말씀을 듣는 기회를 소중히 여기고 귀 기울여 들으시기 바랍니다. 그리고 그 말씀을 통하여 비전을 찾고 꿈을 품으시기 바랍니다. 마음에 소원을 주신 하나님이 예수 그리스도 안에서 소원을 이루어 가실 것입니다.

주의 말씀을 들으라

중요한 결정을 앞두고 하나님의 뜻은 어디에 있고, 어떤 선택을 해야 하는지 궁금한 사람들이 많습니다. 그런데 성경은 하나님의 뜻은 하나님의 말씀을 통해 나타나고, 그 말씀을 따라 살아갈 때 우리의 삶 속에서 하나님의 역사가 나타난다고 말씀합니다.

1. 말씀이신 하나님

하나님은 눈에 보이지 않습니다. 그래서 하나님은 말씀을 통하여 당신을 나타내셨습니다. 이와 마찬가지로 하나님의 약속 또한 눈에 보이지는 않지만 말씀을 통하여 깨닫게 됩니다. 그러므로 우리는 하나님의 말씀을 귀담아 들어야 합니다.

2. 생명의 길이 되시는 말씀

하나님의 말씀은 생명의 길입니다. 따라서 인생의 앞날을 알 수 없고, 모든 것이 캄캄하기만 할 때 하나님의 말씀은 내 앞을 비추는 등이요, 길에 됩니다. 따라서 절망 속에서 하나님의 말씀을 가까이 하게 되면 소망과 위로를 얻게 됩니다.

3. 말씀대로 이루시는 하나님

사람은 자신이 말한 것을 다 지킬 수 없습니다. 그러나 하나님은 반드시 지키십니다. 왜냐하면 하나님은 신실하시며 전능하시기 때문입니다. 그러므로 우리는 어떠한 환경 속에서도 하나님의 말씀을 가까이 하여 하나님의 말씀에 비전을 찾아야 합니다.

 하나님의 말씀은 낙심한 사람을 위로하여 힘을 얻게 합니다. 그리고 소망을 갖게 합니다. 그러므로 하나님의 말씀 듣는 기회를 소중히 여기고 귀 기울여 들으시기 바랍니다.

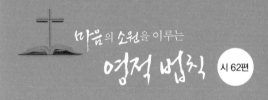

마음의 소원을 이루는
영적 법칙 시 62편

1. 하나님께로부터 말미암는 구원
2. 끊임없이 공격받는 우리의 인생
3. 소망의 이유되시는 하나님

PART 4

하나님만
바라보라

시편 62:1-6

하나님만 바라보라

시편 62:1-6

●

"나의 영혼이 잠잠히 하나님만 바람이여 나의 구원이 그에게서 나오는도다 오직 그만이 나의 반석이시요 나의 구원이시요 나의 요새이시니 내가 크게 흔들리지 아니하리로다 넘어지는 담과 흔들리는 울타리 같이 사람을 죽이려고 너희가 일제히 공격하기를 언제까지 하려느냐 그들이 그를 그의 높은 자리에서 떨어뜨리기만 꾀하고 거짓을 즐겨 하니 입으로는 축복이요 속으로는 저주로다(셀라) 나의 영혼아 잠잠히 하나님만 바라라 무릇 나의 소망이 그로부터 나오는도다 오직 그만이 나의 반석이시요 나의 구원이시요 나의 요새이시니 내가 흔들리지 아니하리로다"(시 62:1-6).

문하생을 받지 않는 위대한 피아니스트가 있었습니다. 어느 날 특별한 재능을 가진 한 소년이 찾아와 제자로 받아 달라고 그에게 간곡히 부탁했습니다. 이 피아니스트는 소년의 연주를 들은 후 자신의 마지막 제자로 소년을 받아주었습니다. 후에 이 소년은 천재적 재능을 발휘하여 신들린 연주로 가는 곳마다 기립박수를 받는 유명 인사가 되었습니다. 그런데 이 청년은 연주가 끝나면 열광하는 청중들을 바라보지 않고 발코니만 주시했습니다. 거기서 백발이 성성한 노스승이 웃으며 고개를 끄떡끄떡 해주는 것을 바라보고 있었던 것입니다. 그는 스승만 바라봄으로 청중들의 환호와 박수에도 초심을 잃지 않고 교만하지 않을 수 있었습니다.

이와 같이 우리도 좋은 일이 있을 때 하나님을 바라보면 마음이 교만하지 않게 되고, 어렵고 힘들 때 주님을 바라보면 하나님이 힘을 주셔서 넉넉히 이길 수 있게 됩니다. 그러므로 무엇을 바라보느냐가 중요합니다.

시편 62편에서 다윗은 악인들이 자신을 핍박하는 상황에서 하나님께 대한 절대적인 신뢰와 소망을 고백합니다. 본문의 핵심은 환난에 처한 자가 구원으로 나아가는 길은 오직 하나님을 신뢰하고 그분을 바라보는 것임을 보여줍니다. 소망과 구원은 오직 하나님으로부터 말미암기 때문입니다. 그러므로 성도는 환난 날에 하나님만 바라보고 하나님을 신뢰하며 흔들리지 말아야 합니다.

1. 하나님께로부터 말미암는 구원

다윗은 사람들이 공모하여 자신을 공격하기 때문에 거의 무너지게 생긴 담이나 울타리와 같은 처지가 되었습니다. "넘어지는 담과 흔들리는 울타리 같이 사람을 죽이려고 너희가 일제히 공격하기를 언제까지 하려느냐"(3절).

아마도 이러한 상황에서 다윗 주변에 있는 사람들은 대적자들을 향하여 그들이 행한 대로 갚아야 한다고 권면을 했을 것입니다.

그렇지만 다윗은 "나의 영혼이 잠잠히 하나님만 바람이여 나의 구원이 그에게서 나오는도다 오직 그만이 나의 반석이시요 나의 구원이시요 나의 요새이시니 내가 크게 흔들리지 아니하리로다"라고 담대한 믿음의 고백을 합니다(1-2절). 왜냐하면 그는 하나님만이 그의 구원자가 되신다는 것을 믿고 있었기 때문입니다.

1) 잠잠히 하나님만 바라봐야 하는 상황

본문은 히브리어 원문으로 보면 '아크(אך)'라는 단어로 시작합니다. 이 단어는 '참으로, 오직, 그럼에도' 등의 의미로 대체로 문장을 강조하거나 앞의 내용과 반대가 되는 내용을 이야기하려고 할 때 사용합니다. 다윗은 '아크'라는 말을 통해 다른 사람의 주장이나 생각과 다른 내용을 말하고 있습니다. 즉, 다른 사람들은 다윗을 향하여 현재 처한 위기 속에서 무언가라도 하라고 요구하지만 다윗 자신은 하나님만 바라며 잠잠히 있겠노라고 말하고 있는 것입니다. 다윗은 현재 그에게 있어서 가장 필요한 것은 자신에게 도움을 줄 수 있는 누군가를 찾아가거나 스스로 원수를 갚은 것보다 하나님의 구원을 기다리며 하나님을 바라보는 것임을 알고 있었던 것입니다.

인생을 살다 보면 때로 누군가를 만나서 그의 도움을 구해야 할 때가 있습니다. 또한 때로 무언가 최선을 다하여 집중해야 할 때도 있습니다. 그렇지만 어떤 경우에는 오직 하나님의 도우심만을 기대하여 잠잠히 기다려야 할 때도 있습니다. 이것은 하나님을 향한 온전한 신뢰가 없으면 불가능한 일입니다.

그렇지만 예레미야애가 3장 25절에서 26절은 "기다리는 자들에게나 구하는 영혼들에게 야훼는 선하시도다 사람이 야훼의 구원을 바라고 잠잠히 기다림이 좋도다"라고 말씀합니다. 하나님은 선하시기에 하나님의 구원을 기대하며 기다리는 사람에게 선을 행하시는 것입니다.

2) 나의 구원되시는 하나님

다윗은 자신이 하나님만을 의지하는 이유에 대해 2절을 통하여 "오직 그만이 나의 반석이시요 나의 구원이시요 나의 요새이시니 내가 크게 흔들리지 아니하리로다"라고 고백합니다. 다윗은 1절에서 사용했던 '아크'를 다시 한 번 사용합니다. 그러나 이번에는 앞의 내용에 대한 반대말이 아니라 2절에 나오는 '반석, 구원, 요새'를 강조하기 위하여 사용하고 있습니다. 오직 하나님만이 다윗의 반석, 구원, 요새이신 것입니다. 즉, 하나님은 대적이 도달할 수 없을 정도로 높은 반석이시며, 어떤 대적과 싸워도 방어할 수 있는 높은 언덕 위에 세워진 견고한 성이십니다. 그리고 무엇보다 다윗을 환난 가운데서 구원하시는 분이십니다.

2절 하반절을 보면 다윗은 "내가 크게 흔들리지 아니하리로다"라고 고백합니다. 이것은 바꿔서 생각해 보면, 다윗도 그의 믿음이 흔들리고 연약해 지는 때가 있었다는 것을 알 수 있습니다. 그렇지만 그는 환경에 흔들리며 요동하거나 불안에 떨거나 자신에게 놓인 상황에 불평하지 아니하고 하나님께 자신의 처지를 아뢰고 하나님의 도움을 구했던 것입니다. 그리고 더 이상은 흔들리지 않겠다고 굳게 결단하고 있는 것입니다. 그러므로 우리 또한 다윗과 같이 마음이 흔들릴 때 하나님의 도우심을 구하는 기도를 하고 믿음의 결단을 내려야 할 것입니다.

2. 끊임없이 공격받는 우리의 인생

사는 동안 아무런 어려움도 없이 평탄한 길만을 걷는 경우는 거의 없습니다. 때로는 막막한 상황에 놓이기도 하고, 이유 없이 우리를 비난하고 모함하는 사람도 만나게 됩니다. 다윗도 그러한 경험을 하고 있었습니다. "넘어지는 담과 흔들리는 울타리 같이 사람을 죽이려고 너희가 일제히 공격하기를 언제까지 하려느냐 그들이 그를 그의 높은 자리에서 떨어뜨리기만 꾀하고 거짓을 즐겨 하니 입으로는 축복이요 속으로는 저주로다"(3-4절). 다윗은 자기편으로 생각했던 사람에게 배신을 당했으며, 한 두 사람이 아니라 주변의 모두가 담합하여 자신을 쓰러뜨리려고 하는 것 같은 상황이었습니다. 그러한 심정은 마치 낭떠러지에 몰려 있는 것 같은 느낌이었을 것입니다. 그러나 다윗은 믿음으로 이 모든 어려움을 이겨냈습니다.

1) 악하고 거짓된 악인들

다윗은 악인들의 횡포와 약한 자를 파멸시키려는 그들의 행동들을 비난합니다. 특히 자신의 왕위뿐만 아니라 하나님을 향한 신앙과 명성에도 위협을 가하고 있다고 말하고 있습니다. 악인들은 통치자를 몰아내기 위한 반역을 주도면밀하게 계획하고 있었던 것입니다.

마찬가지로 우리 인생도 끊임없이 마귀의 공격을 받습니다.

조용기 원로목사님은 "내가 여태까지 예수님을 믿고 목회를 하면서 하루라도 마음 편할 날이 없었습니다. 끊임없이 나를 물고 찢고 넘어뜨리려는 사람이 많았습니다. 불광동에서 교회를 개척한 후 하나님의 은혜로 부흥이 되어 서대문으로 왔을 때, 수많은 기성교단이 일어나 시끄럽게 떠들고 박수치며 방언을 말하고 병자를 위해 기도한다고 하면서 이단이라고 공격을 하였습니다. 삼박자 축복이라는 예수 그리스도의 전인적 구원을 전할 때는 무식하게 삼박자가 무엇이냐고 공격했습니다"라고 말씀하셨습니다.

조용기 원로목사님은 예수님의 구원사역을 사람들이 이해하기 쉽게 삼박자로 즉, 영혼이 잘됨 같이 범사가 잘되고 강건하게 되는 예수 그리스도의 희망의 복음을 전한 것이었습니다. 그 때 목사님이 희망의 복음을 전한 이유는 그 복음이 아니면 살 소망이 없기 때문이었습니다. 목사님은 가난하고 헐벗고 고통 가운데 있는 성도들에게 복음을 쉬운 용어로 증거한 것입니다. 그것이 교회에 큰 부흥을 일으키자 주변에 있는 많은 교회들이 시샘을 하고 목사님을 이단으로 정죄하며 공격했던 것입니다.

이처럼 마귀는 하나님의 나라가 확장되고 구원받는 사람이 많아지면 많아질수록 공격을 늦추지 않습니다. 그래서 목사님은 제자들에게 이런 마귀의 공격이 다가올 때 자기 자신을 내려놓고 하나님만 바라보고 기도하면 마침내는 주님이 이기게 해 주신다고 권면한 것입니다.

2) 연약한 우리들

다윗은 대적들의 공격으로 인해 고통스러웠을 때에 잠시 흔들리기도 했습니다. 그러나 반석이시며 구원이시며 산성이신 하나님을 바라보고 믿었기에 사울 왕의 핍박을 이겨내고 이스라엘의 두 번째 왕이 될 수 있었으며, 많은 반란이 있었지만 왕의 자리를 굳건하게 지킬 수 있었습니다.

시편 37편 7절은 "야훼 앞에 잠잠하고 참고 기다리라 자기 길이 형통하며 악한 꾀를 이루는 자 때문에 불평하지 말지어다"라고 말씀합니다. 악인들의 종말은 마치 시든 채소같이 사라져 버리고, 잘라놓은 풀처럼 바싹 말라버리고, 눈으로 찾아봐도 보이지 않게 되는 하나님의 심판을 받게 됩니다. 하나님의 심판의 맷돌은 서서히 돌지만 마침내는 가루가 되게 하시는 것입니다.

악인들이 다윗에게 그러하였듯이, 마귀는 하나님을 신뢰하는 우리의 믿음을 끊임없이 무너뜨리려고 합니다. 그럴 때 우리는 마귀의 속삭임에 속지 말고 주님의 이름으로 대적하며 잠잠히 하나님만을 바라고 소망해야 합니다. 그리고 잠잠히 참고 야훼를 기다리고 불평하지 아니하면 하나님이 모든 것을 정리해주시고 끝내는 승리하게 해 주십니다.

1991년 레바논에서 6년 9개월 동안 이란계 회교단체에 인질로 억류되었던 사람이 있었습니다. 그는 미국 AP통신 중동지국장

테리 앤더슨(Terry Anderson)입니다. 레바논의 테러리스트들은 그를 감옥에 가두고 고문하며 죽이겠다고 위협했습니다.

테러리스트들은 서방 세계를 위협할 때마다 처형 대상자 명단에 앤더슨의 이름을 항상 넣었습니다. 그러나 그들이 앤더슨 기자의 몸은 가둘 수 있었을지라도 마음은 가둘 수 없었습니다. 그는 꿈을 통하여 가족을 만나고 사랑하며 그 자신과 가족들에게 소망을 주었습니다. 그는 감옥에 있는 동안 옛 신앙을 다시 회복하고 믿음의 사람이 되었습니다.

인질에서 풀려난 후 기자회견을 갖게 되었을 때 그가 한 첫 말은 "나는 하나님이 계심을 믿습니다"였습니다. 앤더슨 기자는 절대 절망 가운데서 하나님만 바라고 믿고 절대 소망을 가졌기 때문에 이 모든 상황을 이겨낸 것입니다. 그는 소망을 통해 믿음이 더욱 굳건해져서 마침내 건강하게 감옥에서 나올 수 있었습니다.

기자들은 앤더슨에게 물었습니다. "당신은 그들이 밉지 않습니까?" 그러자 앤더슨은 "내가 그들을 미워하면서 살기에는 내 남은 인생이 너무나 귀합니다. 나는 그들을 미워하지 않습니다"라고 말했습니다.

앤더슨이 자신의 상황만을 보고 절망했다면 6년 9개월이라는 시간을 감옥에서 견딜 수 없었을 것입니다. 그는 테러리스트들의 위협 속에서도 하나님을 향한 소망을 놓지 않았습니다. 그러한 그를 하나님이 붙드셨고 소망을 주시고 건져주신 것입니다.

3. 소망의 이유되시는 하나님

다윗은 1절에서는 평서문의 형태로 자신의 믿음을 고백했습니다. "나의 영혼이 잠잠히 하나님만 바람이여 나의 구원이 그에게서 나오는도다"(1절). 그렇지만 5절에서는 1절의 내용을 명령문으로 바꿔서 말합니다. "나의 영혼아 잠잠히 하나님만 바라라 무릇 나의 소망이 그로부터 나오는도다." 대적들의 공격으로 마음이 흔들리기도 했지만 다시금 하나님만 잠잠히 기다리자고 결심을 하고 있는 것입니다. 왜냐하면 오직 하나님만이 그의 반석, 그의 구원, 그의 요새이시기 때문입니다.

1) 소망의 근원되신 하나님

다윗은 악인들에게서 다시 하나님께로 눈을 돌려 하나님에 대한 신뢰를 고백하고 하나님만 의지하겠다고 다짐합니다. 그러나 잠잠히 하나님만을 바라는 이유를 밝힌 1절의 내용과는 조금 다르게 그 이유가 소망의 근원이 하나님이시기 때문이라고 말하고 있습니다.

'나의 소망'에 해당하는 히브리어의 원형 '카와(קוה)'는 '기다리다', '참다', '밧줄을 묶다'라는 의미로 사용합니다. 이것은 다윗이 기다리고 참으며 하나님을 향한 신뢰감 속에서 기대하는 바를 견고히 붙들고 있다는 의미입니다.

하나님을 향한 신뢰의 이유를 나타내는 6절을 보면 2절의 고백이 다시 반복되고 있습니다. 그런데 차이가 있다면 2절에 나왔던 '결코'가 6절에는 나오지 않고 있습니다. 이는 대적들의 공격 앞에서 흔들리는 경험을 바탕으로 자신도 때로는 연약하여 흔들릴 수 있다는 것을 알았기 때문입니다. 이제 다윗은 하나님을 향한 신뢰에 겸손함을 더하게 된 것입니다. 그리고 이러한 겸손함이야말로 소망의 근원이 되시는 하나님을 향한 바른 자세입니다.

하나님만이 우리 소망의 근원이 되십니다. 그리고 겸손은 소망의 근원이 되시는 하나님을 향한 우리의 마땅한 자세입니다. 그러므로 하나님께 소망을 두되 겸손히, 그리고 잠잠히 하나님만 바라고 기대하시기 바랍니다. 잠 23장 18절은 "정녕히 네 장래가 있겠고 네 소망이 끊어지지 아니하리라"고 말씀합니다. 이 소망의 하나님을 바라보고 신뢰하는 자만이 장래가 있고, 소망을 이루게 될 것입니다.

2) 하나님께 소망을 둔 삶

하나님께 소망을 두게 되면 인생관이 달라집니다. 모든 것을 하나님께 맡겼기 때문에 더 이상은 사람들의 모함에 억울해 하지 아니하고, 받은 것을 그대로 되갚아주려는 복수심을 내려놓게 되며, 무엇보다도 하나님의 역사하심을 기대하며 인내할 수 있게 되는 것입니다.

에드워드 모트(Edward Mote)라는 37세의 캐비닛 제조공이었습니다. 그는 공장에서 일하면서 항상 열등의식, 반항심, 원망 등에 사로잡혀 있었습니다.

"겨우 이런 공장에서 망치나 두들기며 일하다니...우리 부모는 왜 나에게 이런 삶밖에 주지 못하는 걸까?"

삶은 그에게 전혀 무의미한 것이었고 소망이 없었습니다. 그러던 어느 추운 겨울 날, 그는 런던의 거리를 배회하다가 길가에 있던 자그마한 교회에 들르고 싶은 마음이 생겼습니다. 그래서 그 교회에 들어갔습니다.

그 교회 강대상에서는 목사님이 요한복음 4장을 가지고 "거듭난 도리"에 관한 설교를 하고 있었습니다. 그 말씀을 들었을 때 에드워드에게는 '그렇다. 나는 거듭나야 한다'는 강력한 소원이 일어나기 시작했습니다. 그리고 성령님이 그의 마음을 열어주셔서 그는 예수 그리스도를 믿고, 거듭나게 됩니다. 이렇게 거듭난 에드워드 모트는 그의 일기에 이렇게 기록하고 있습니다.

"내 망치는 노래하기 시작했다. 내 망치는 이제 춤을 춘다. 그리고 내 눈동자는 생기가 돌고, 내 마음 속에는 생수가 솟는다. 예수 그리스도가 내 마음에 오셨기 때문이다. 나는 거듭났다"

이제 그는 행복한 목공이 되었습니다. 그의 생은 점점 풍요로

워졌습니다. 자기가 고용되어 일하던 목공소가 자기의 소유가 되었으며, 그 목공소는 점차 확장되었습니다. 이제 그는 성공적인 사업가가 된 것입니다.

그리고 55세 되던 해 그는 자기의 전재산을 드려서 교회를 짓고 신학을 공부하여 목사안수를 받고 복음을 전하기 시작했습니다. 그리고 그는 주님의 첫사랑을 기억하면서 주님을 향한 감사의 시를 지었습니다. 그 시는 새찬송가 488장(통 539장)으로 지금도 널리 불리고 있습니다.

"이 몸의 소망 무언가 우리 주 예수뿐일세. 우리 주 예수 밖에는 믿을 이 아주 없도다. 주 나의 반석이시니 그 위에 내가 서리라. 그 위에 내가 서리라."

신앙의 진정성은 위기의 순간에 드러납니다. 진정한 성도는 위기의 순간에도 요동하지 않고 하나님만 바라며 잠잠히 기다립니다. 다윗은 환란가운데도 끝까지 하나님만을 바라봄으로 하나님의 축복 가운데 들어갈 수 있었습니다. 그러므로 어떠한 상황에도 오직 주님만을 바라보고 소망하며 흔들리지 않고 승리하는 삶을 사시기 바랍니다.

하나님만 바라보라

소망과 구원은 오직 하나님으로부터 말미암습니다. 그러므로 하나님의 자녀는 환난 날에 하나님만 바라보고 하나님을 신뢰하며 흔들리지 말아야 합니다. 그러면 하나님이 힘을 주셔서 넉넉히 이기게 하십니다.

1. 하나님께로부터 말미암는 구원

다윗 주변의 사람들은 다윗에게 현재 놓인 위기 속에서 무언가라도 하라고 요구했습니다. 그러나 다윗은 하나님만 바라며 잠잠히 있겠노라고 대답합니다. 왜냐하면 현재 그에게 가장 필요한 것은 하나님의 구원이었기 때문입니다.

2. 끊임없이 공격받는 우리의 인생

사는 동안 아무런 어려움도 없이 평탄한 길만을 걷는 경우는 거의 없습니다. 살다 보면 때로 막막한 상황에 놓이기도 하고, 아무 이유 없이 우리를 비난하고 모함하는 사람도 만나게 됩니다. 그러나 하나님을 의지하면 하나님이 건지십니다.

3. 소망의 이유되시는 하나님

하나님만이 우리 소망의 근원이십니다. 그리고 겸손은 소망의 근원이신 하나님을 향한 우리의 마땅한 자세입니다. 그러므로 우리는 어떤 상황 속에서도 하나님께 소망을 두어야 합니다. 그리고 겸손하고 잠잠히 하나님만 바라고 기대해야 합니다.

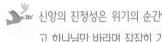 신앙의 진정성은 위기의 순간에 드러납니다. 위기의 순간에 의심에 빠지지 마시고 하나님만 바라며 잠잠히 기다리시기 바랍니다. 그러면 하나님이 붙드셔서 흔들리지 않게 하시고 승리하게 하실 것입니다.

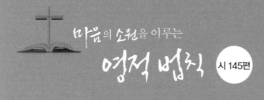

마음의 소원을 이루는
영적 법칙 시 145편

1. 송축해야 할 하나님의 영광
2. 경외하는 자의 소원을 이루시는 하나님
3. 영원히 선포될 하나님의 영예

PART 5

하나님을
경외하라

시편 145:17-21

하나님을 경외하라

시편 145:17-21

●

"야훼께서는 그 모든 행위에 의로우시며 그 모든 일에 은혜로우시도다 야훼께서는 자기에게 간구하는 모든 자 곧 진실하게 간구하는 모든 자에게 가까이 하시는도다 그는 자기를 경외하는 자들의 소원을 이루시며 또 그들의 부르짖음을 들으사 구원하시리로다 야훼께서 자기를 사랑하는 자들은 다 보호하시고 악인들은 다 멸하시리로다 내 입이 야훼의 영예를 말하며 모든 육체가 그의 거룩하신 이름을 영원히 송축할지로다"(시 145:17-21)

다윗은 여러 면에서 하나님 앞에 특별한 은총을 입은 사람이었습니다. 그는 군인이며 정치인이었고 시편을 통해서 볼 때 하나님을 찬양하는 뛰어난 문학가였습니다. 이 시편에서 다윗은 하나님이 지으신 모든 만물들이 하나님의 영광을 송축해야 한다고 말하고 있습니다. 그는 피조물인 사람과 피조세계는 창조주에게 마땅히 영광을 돌리며 찬양해야 한다고 말합니다. 왜냐하면 하나님은 그의 크신 사랑을 통하여, 그를 경외하는 자들의 소원을 이루시고 만물을 구원하시며 보호하시기 때문입니다. 결국 다윗은 야훼 하나님의 영예를 말하며 모든 육체가 함께 하나님의 거룩하신 이름을 영원히 송축하라고 노래하고 있습니다.

1. 송축해야 할 하나님의 영광

시편 145편 10절에서 13절은 "야훼여 주께서 지으신 모든 것들이 주께 감사하며 주의 성도들이 주를 송축하리이다 그들이 주의 나라의 영광을 말하며 주의 업적을 일러서 주의 업적과 주의 나라의 위엄 있는 영광을 인생들에게 알게 하리이다"라고 말씀하고 있습니다. 하나님이 지으신 피조물 전체가 야훼 하나님을 찬양해야 합니다.

1) 만물의 찬양

다윗은 하나님이 지으신 모든 만물들이 하나님께 감사하며 주의 성도들은 하나님을 송축해야 한다고 했습니다. 피조물들이 하나님을 찬양하는 것은 마땅한 일입니다. 세상의 만물들은 우연히 존재하는 것이 아니라 하나님이 창조하셨기 때문에 존재하는 것입니다. 우리 또한 이 세상에 우연히 있는 존재가 아닙니다. 하나님은 목적을 가지고, 당신의 뜻 가운데 우리를 창조하셨기 때문에 존재하는 것입니다. 이와 같이 모든 만물들은 그 존재만으로도 하나님의 영광과 위엄을 나타냅니다. 그러므로 우리는 우리를 지으신 창조주 하나님을 찬양해야 합니다. 그리고 우리를 구원하시기 위해 독생자를 보내 주신 하나님의 은혜를 생각하며 늘 찬송해야 합니다.

다윗은 또한 '주의 성도'들이 하나님을 송축해야 한다고 말하고 있습니다. 여기서 '주의 성도'에 해당하는 히브리어 원형인 '하씨드(חסיד)'입니다. 이 말은 '인자한', '경건한'이라는 의미를 갖고 있는데, 은혜를 체험한 자들을 가리킵니다. 다윗은 놀라운 은혜를 받은 자들이 하나님을 송축해야 한다고 말하고 있습니다. 주의 성도들, 특별히 주님의 은혜를 체험하고 깨달은 사람들은 하나님의 은혜를 송축하는 것이 마땅합니다. 또한 시편 103편 22절은 이렇게 말하고 있습니다. "야훼의 지으심을 받고 그가 다스리시는 모든 곳에 있는 너희여 야훼를 송축하라 내 영혼아 야훼를 송축하라."

2) 영원한 하나님의 나라

하나님을 찬양하는데 있어서 그 주제는 '주의 나라의 영광' 입니다. 다윗이 말하는 '주의 나라, 하나님의 통치의 영광'은 모든 만물들에게 미치는 하나님의 행사와 다스림을 말하고 있습니다. 하나님은 그의 백성들을 은혜와 사랑으로 영원히 다스리십니다. 인간이 왕이 되어 통치하는 나라는 순간일 뿐입니다. 이러한 통치는 압제와 핍박이 있습니다. 그러나 하나님은 압제와 핍박당하는 자들을 붙드시고 일으켜 세워주시며 은혜와 사랑으로 통치하시는 분입니다.

다윗은 본문에서 '주의 업적', '주의 나라의 영광', '주의 통치', '대대에 이르리이다'라는 표현을 반복적으로 사용하고 있습니다. 동일한 표현을 반복적으로 사용하는 것은 하나님의 통치와 주권이 세세토록 변함없이 계속될 것임을 강조하기 위함입니다. 만약에 악한 마귀가 우리를 영원히 통치한다고 한번 생각해 보십시오. 얼마나 고통스럽겠습니까? 그것은 죽지 못해 사는 인생이 될 것입니다. 그러나 하나님 아버지는 우리를 사랑하시고 우리에게 은혜를 베푸시는 좋으신 하나님이실 뿐만 아니라 더 나아가 그의 나라는 영원히 지속됩니다. 이 얼마나 감사한 일입니까? 주의 나라가 임하고 주님이 통치하심이 우리의 기쁨이며 소망이고, 찬양과 감사가 되는 것입니다. "참으로 크도다 그의 이적이여, 참으로 능하도다 그의 놀라운 일이여, 그의 나라는 영원한 나라요 그의 통치는 대대에 이르리로다"(단 4:3).

2. 경외하는 자의 소원을 이루시는 하나님

하나님은 자기를 경외하는 자들의 소원을 이루시는 분입니다. 다윗은 본문의 17절에서 19절을 통하여 "야훼께서는 그 모든 행위에 의로우시며 그 모든 일에 은혜로우시도다 야훼께서는 자기에게 간구하는 모든 자 곧 진실하게 간구하는 모든 자에게 가까이 하시는도다 그는 자기를 경외하는 자들의 소원을 이루시며 또 그들의 부르짖음을 들으사 구원하시리로다"라고 말씀하고 있습니다.

1) 모든 일에 의롭고 은혜로우신 하나님

다윗은 하나님이 행하시는 행위와 일의 방법들이 '의롭고 은혜로우시도다'라고 표현하였습니다. 여기서 '은혜로우시도다'는 야훼 하나님의 변함없는 언약에 근거한 한결같은 '자비', '긍휼' 등을 나타내는 '헤쎄드(חסד)'와 깊은 연관이 있는 단어입니다. 이는 '의로우시며'라는 표현과 함께 하나님의 성품과 속성을 나타내는 것입니다. 이와 같이 하나님의 성품은 의롭고 은혜로우시기 때문에 죄를 미워하시지만 죄인을 은혜로 용서해주신다는 의미가 포함되어 있습니다.

하나님은 하나님을 사랑하고, 말씀에 순종하며, 하나님을 경외하는 백성들의 소원을 이루어 주십니다. 그러므로 하나님을 경외하는 것이 얼마나 감사한 일인지 모릅니다. 세상 사람들은 하나님을 모르기 때문에 교회를 욕하고, 도전하며, 불신앙의 말을 합니다. 하지만 우리는 같은 입술을 가지고 하나님을 예배하고 찬양해야 합니다. 성경은 죽고 사는 권세가 우리 혀에 있다고 말씀합니다. 따라서 우리 입에서 나오는 말이 우리가 먹을 열매라고 했습니다(잠 18:21). 우리가 찬송을 많이 하면 그 찬송의 열매를 먹고, 감사를 많이 하면 그 감사의 열매를 먹게 됩니다. 그러므로 우리는 말을 조심해야 합니다. 하나님은 하나님을 찬미하고 감사하며 진실하게 기도하는 사람을 가까이하시고 은혜와 사랑을 베풀어 주십니다.

하나님이 하시는 모든 일은 의롭고 은혜롭습니다. 이 '은혜' 라고 하는 말은 '무자격자에게 베푸시는 하나님의 가호'입니다. 우리는 신앙이 깊어지면 깊어질수록 바울과 같이 고백할 수밖에 없습니다. "죄인 중에 내가 괴수니라"(딤전 1:15). 우리는 죄 덩어리입니다. 하나님의 은혜를 받고 마음이 열리고 영의 눈을 뜨면 죄인임을 깨닫게 됩니다. 우리는 모두다 주님의 은혜를 받을 자격 없는 사람들인데 아버지 하나님은 우리에게 값없이 은혜를 베풀어 주셨습니다. 그리고 주님은 언약을 근거로 우리에게 한없는 자비와 긍휼을 베풀어 주십니다. 히브리서 10장 16절에서 17절은 "주께서 이르시되 그 날 후로는 그들과 맺을 언약이 이것이라 하시고 내 법을 그들의 마음에 두고 그들의 생각에 기록하리라 하신 후에 또 그들의 죄와 그들의 불법을 내가 다시 기억하지 아니하리라 하셨으니"라고 말씀합니다. 하나님은 우리가 허물과 죄로 저주 받아야 마땅함에도 불구하고 우리를 용서하시며 우리의 허물과 죄를 기억하지 아니하시고 자비와 긍휼과 사랑을 베풀어주겠다고 약속하신 것입니다. 하나님은 당신의 약속을 신실하게 지키시는 분입니다. 사람은 연약해서 약속을 했다가도 이행하지 못할 때가 많지만, 하나님은 절대로 그렇지 않습니다. 하나님은 변함없이 영원히 약속을 지키시는 분입니다.

또한 다윗은 은혜를 베푸시는 하나님 앞에 나아가는 자가 가져야 할 자세를 언급하고 있습니다. 그것은 '진실함과 경외함'입니다. 시편 51편 6절은 "보소서 주께서는 중심이 진실함을 원하시오니 내게 지혜를 은밀히 가르치시리이다"라고 말씀합니다. 우리는 하나님께 진실함을 가지고 나아가야 합니다. 주님은 불꽃같은 눈으로 우리를 살피고 계시기 때문에 진실하게 하나님 앞에 나아가지 않으면 가증스럽게 보십니다. 그러므로 하나님 앞에 나올 때는 내 속에 있는 것을 진실되게 털어 놓아야 합니다. "하나님 속상합니다. 섭섭합니다. 마음이 괴롭습니다. 외롭습니다." 이렇게 마음을 하나님께 토로하고 간구하면 하나님은 정결하게 씻어 주시고 위로하여 주시는 것입니다.

그리고 우리는 항상 하나님 앞에 나올 때 '경외함'을 가져야 합니다. 다른 표현으로 말하면 두려움입니다. 하나님께 대한 두려움이 있어야 합니다. 이 두려움은 공포심이 아닙니다. 경외심입니다. 하나님은 거룩하시고 위대하신 분이기 때문에 그 앞에 서게 되면 경외함을 갖게 되는 것입니다. 경외함을 가지고 하나님을 사랑하고 예배하며 순종할 때 주님은 변함없는 은혜와 사랑을 베풀어주시는 것입니다.

2) 하나님을 경외해야 하는 이유

하나님을 경외해야 하는 이유는 무엇입니까? 하나님은 당신을 진실로 경외하고 기도하며 인격적인 교제를 나누는 자에게 은혜를 베풀어주시고 돌보시기 때문입니다. 하나님과의 교제를 통해서 하나님을 깊이 경외하고, 하나님을 예배하며 순종하는 것이야말로 우리가 하나님의 축복을 받는 최고의 지혜입니다. 그러므로 하나님은 당신을 경외하는 자들을 가까이 해주십니다. 그들의 기도를 들으시고, 신음에 응답하여 주십니다. 하나님은 우리가 어떤 형편에 처하든지 다 아시고 품어주시며 위로해주십니다.

이와 같이 하나님을 경외할 때 우리의 모든 소원이 주님의 뜻 안에서 이루어질 것입니다. 하나님이 소원을 들으시는 것은 그 소원이 하나님을 경외함에서 비롯되었기 때문입니다. 야훼를 경외하는 자들의 마음의 소원은 욕심과 탐욕에서 비롯되지 않습니다. 야훼를 경외하는 자는 포도나무에 붙어있는 가지가 열매를 맺듯이 거룩한 소원을 가지고 주님께 나아갑니다. 그럴 때 우리의 모든 형편과 사정을 아시는 주님이 구원하시고 건져주십니다. 잠언 22장 4절은 "겸손과 야훼를 경외함의 보상은 재물과 영광과 생명이니라"고 말씀합니다. 그러므로 우리는 피조물로서 하나님이 계심을 인식하고 경외하며 하나님의 뜻을 행하기를 원하는 자들이 되어야 하겠습니다.

또한 하나님은 하나님을 경외하는 자에게 응답과 구원, 승리의 역사를 끊임없이 베풀어 주십니다. 하나님의 응답과 구원과 승리는 일회적으로 끝나는 것이 아닙니다. 끊임없이 베풀어 주시는 것입니다. 그러므로 우리는 구원을 받고 영원한 생명을 얻을 뿐만 아니라, 이 땅에 사는 동안에도 주님의 은혜로 생명을 얻되 더욱 풍성하게 얻는 복을 누리게 되는 것입니다.

우리가 잘 아는 음악의 아버지 요한 세바스찬 바흐(Johann Sebastian Bach)에 대한 일화가 있습니다. 그는 음악을 하는 가정에서 막내아들로 태어났지만 열 살도 되기 전에 고아가 되었습니다. 18세에 학교를 졸업한 후에는 바이마르 궁정의 악단에서 바이올린 연주자로 있었고, 아른시타트의 교회에 오르가니스트로 일하였습니다.

그는 결혼하여 가정을 가졌지만 13년 만에 아내와 사별을 했고, 재혼했습니다. 그 가운데 스무 명의 자녀를 얻었지만, 그 중의 열 명은 어릴 때 죽었습니다. 그는 인생 말년에 시력을 잃었으며 뇌일혈로 인하여 고생하다가 조용히 생을 마감하였습니다.

그러나 그는 일생을 통해서 오직 하나님의 영광을 생각하며 역경을 뚫고 끊임없이 명곡을 쓴 위대한 음악가였습니다. 그는 작품마다 그 첫 머리에는 I.N.J(In Nomine Jesu) '예수님의 이름으로' 라고 쓰고, 작품마다 끝에는 S.D.G(Soli Deo Gloria) '오직 하나님의 영광을 위하여' 라고 썼습니다.

많은 사람들이 요한 세바스찬 바흐의 영광은 잘 알고 있지만, 그가 수많은 역경의 길을 걸었다는 것은 잘 알지 못합니다. 그는 어려운 삶 속에서 하나님만을 의지하며 하나님께 영광을 돌리는 일에 일생을 바쳤습니다. 하나님을 찬양하며 경외했던 그의 삶과 작품들은 모두 후대에 걸쳐 많은 이들에 귀감이 되었고 음악가들에게 큰 영향을 주게 된 것입니다.

3. 영원히 선포될 하나님의 영예

다윗은 본문의 20절로부터 21절에서 만인과 만유를 대표하여 야훼의 영예를 말하면서 영원한 찬양을 촉구하고 있습니다. "야훼께서 자기를 사랑하는 자들은 다 보호하시고 악인들은 다 멸하시리로다 내 입이 야훼의 영예를 말하며 모든 육체가 그의 거룩하신 이름을 영원히 송축할지로다."

1) 우리를 보호하시고 악인을 멸하시는 하나님

다윗은 하나님을 사랑하는 자와 악인을 향한 하나님의 반대되는 태도를 비교하고 있습니다. '자기를 사랑하는 자'는 곧 '하나님을 경외하는 자'를 말합니다. 다윗은 하나님이 이들에 대해 보호의 은총을 베푸심을 노래합니다.

이와 반대로 악인들은 하나님의 계명을 어기고 하나님 앞에 범죄를 일삼는 자들을 칭합니다. 다윗은 악인들이 야훼의 심판으로 말미암아 파멸에 처해질 것을 전하기 위해서 '멸하시리로다'라는 동사를 사용하였습니다.

하나님은 하나님을 사랑하는 자들에게는 끝없는 보호와 은총을 내리시지만 악인은 심판하십니다. 그러므로 악인에게 속하지말고 하나님을 사랑하는 자 되어서 주의 은총 속에 늘 승리하는 우리 모두가 되어야 하겠습니다.

1942년 미국의 비행조종사 에디 리켄베커(Eddie Rickenbacker)가 탄 비행기가 맥아더 장군에게 메시지를 전달하러 가다가 태평양에 불시착을 했습니다. 리켄베커 일행은 24일간이나 바다에서 표류를 하였습니다. 부상과 탈수, 기갈, 뜨거움과 상어의 공포 때문에 거의 죽을 지경이 되었습니다. 그러나 리켄베커는 시편의 말씀을 붙들고 생존자들을 위로하고 용기를 북돋워 주웠습니다. 그는 하나님의 사랑과 보호하심 그리고 기도의 능력을 믿고 하나님께 계속 기도로 매달렸습니다.

하루는 갈매기가 날아와서 머리 위에 앉았습니다. 그들은 그 갈매기를 잡아서 오랜만에 요기를 하게 되었습니다. 그리고 그 고기를 미끼로 낚시질을 하였습니다. 이로 인해 계속 끼니를 해결할 수 있었습니다. 게다가 비가 내림으로 물도 마셨습니다. 이러한 기적들이 계속되었고, 그들은 하나님의 살아계심을 확인하였고 더욱 용기를 가지게 되었습니다.

보도진들은 리켄베커 일행이 죽었다고 보도하였습니다. 하지만 그들은 24일 만에 기적적으로 구조되었다. 1942년 11월 13일 해군 파일럿에 의해서 사모아 근처 누쿠페타우 연안(the coast of Nukufetau near Samoa)에서 생존자들이 구조되었습니다. 신문기자들은 그들에게 어떻게 그 엄청난 공포와 역경, 배고픔과 뜨거움, 무서움과 초조함을 이겼느냐고 물었습니다. 리켄베커는 다음과 같이 말했습니다. "우리는 인도하시고 보호하시는 주님을 믿고 기도하였습니다." 하나님은 당신을 경외하는 자에게 생명이 가득하고, 모든 것에 만족할 만하며, 재앙에서 건져 주십니다.

2) 영원히 송축해야 할 하나님의 거룩하신 이름

다윗은 자신의 입이 야훼의 영예를 말할 것이라고 결단합니다. '영예'로 번역된 히브리어 '테힐라(תְּהִלָּה)'는 '찬양', '예배'라는 의미로서 다윗은 하나님을 찬양하며 그분이 찬양의 대상이 되심을 고백하였습니다. 그리고 본문에서 '육체'에 해당하는 히브리어 '바사르(בָּשָׂר)'는 '살'이라는 의미이며 여기에서 파생하여 '살아있는 사람'이라는 뜻이 있습니다. 이것은 살아있는 사람이라면 모두 다 야훼 하나님을 찬양해야 한다고 말하는 것입니다.

찬양의 대상인 '그의 거룩하신 이름'은 단순한 호칭이 아닌 하나님의 행하심과 성품이 모두 포함되어 있습니다. 즉 다윗은 야훼 하나님을 송축하되 구체적으로 그의 거룩하신 이름을 영원히 찬양하라고 말하는 것입니다. 특히 '영원히'라는 표현을 통해 다윗은 찬양이 지속적으로 이루어져야 할 것임을 강조하고 있습니다.

성도 여러분, 하나님은 영원히 높임을 받으실 만물의 주인이십니다. 그리고 의롭고 은혜로운 통치를 통해서 하나님의 뜻을 펼치십니다. 우리가 하나님을 가까이 하고 진실하게 간구하며 경외하는 삶을 살아갈 때 하나님은 우리 마음속에 있는 소원을 이루어주실 것입니다.

마음의 소원을 이루는 영적 법칙 5

하나님을 경외하라

하나님의 마음에 합한 자인 다윗은 하나님의 영광을 말하면서 모든 육체
가 하나님의 거룩하신 이름을 영원히 송축하라고 하였습니다.

1. 송축해야 할 하나님의 영광

다윗은 하나님이 지으신 모든 만물들이 하나님께 감사하며, 주의 성도들
은 하나님을 송축해야 한다고 말합니다. 여기서 주의 성도는 은혜를 체험
한 자들입니다. 주의 은혜를 체험한 자들이 하나님의 은혜를 송축하는 것
은 마땅합니다. 그리고 하나님을 찬양하는데 있어서 그 주제는 '주의 나
라의 영광' 입니다.

2. 경외하는 자의 소원을 이루시는 하나님

하나님은 자기를 경외하는 자의 소원을 이루시는 분입니다. 의롭고 은혜
로우신 하나님은 자기를 사랑하고, 말씀에 순종하며, 하나님을 경외하는
자의 소원을 이루어 주십니다. 또한 은혜를 베푸시는 하나님 앞에 진실함
과 경외함을 가져야 합니다.

3. 영원히 선포될 하나님의 영예

다윗은 하나님을 사랑하는 자를 보호하신다고 말하며 모든 살아있는 사람들은 하나님을 영원토록 찬양하라고 노래합니다. 왜냐하면 하나님만이 영원히 높임 받으실 만물의 주인이시기 때문입니다.

 하나님은 우리가 하나님을 진실하게 간구하며, 주님을 경외하는 삶을 살게 될 때 우리의 마음속에 있는 소원을 이루어주십니다.

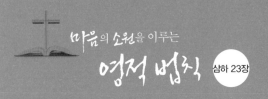

마음의 소원을 이루는

영적 법칙 삼하 23장

PART 6

하나님과의 언약에 서라

사무엘하 23:1-5

하나님과의 언약에 서라

사무엘하 23:1-5

●

"이는 다윗의 마지막 말이라 이새의 아들 다윗이 말함이여 높이 세워진 자, 야곱의 하나님께
로부터 기름부음 받은 자, 이스라엘의 노래 잘 하는 자가 말하노라 야훼의 영이 나를 통하여
말씀하심이여 그의 말씀이 내 혀에 있도다 이스라엘의 하나님이 말씀하시며 이스라엘의 반
석이 내게 이르시기를 사람을 공의로 다스리는 자, 하나님을 경외함으로 다스리는 자여 그는
돋는 해의 아침 빛 같고 구름 없는 아침 같고 비 내린 후의 광선으로 땅에서 움이 돋는 새
풀 같으니라 하시도다 내 집이 하나님 앞에 이같지 아니하냐 하나님이 나와 더불어 영원한
언약을 세우사 만사에 구비하고 견고하게 하셨으니 나의 모든 구원과 나의 모든 소원을 어
찌 이루지 아니하시랴"(삼하 23:1-5)

유언(遺言)은 '죽음에 이르러 남기는 말'을 의미
합니다. 성경에는 여러 하나님의 사람들의 유언들이 나옵니다
(창 49:2-27; 50:24-25; 신 33:29 등). 그들은 때로는 자기의 자
녀들을 축복하고, 때로는 이스라엘 백성을 축복하며 당부하였
습니다.

본문의 말씀은 임종을 앞둔 다윗의 마지막 말입니다. 삶의 마지막 순간에 다윗은 하나님과의 언약의 약속을 되새깁니다. 하나님이 다윗과 맺으신 언약은 그의 영원한 왕위를 보장하고 성전건축에 대한 약속을 주신 것입니다. 이 약속이 바로 다윗 언약의 핵심이자 하나님은 다윗에게 주신 축복이요, 구약의 중심 내용 중 하나입니다. 하나님은 다윗을 통하여 이와 같이 언약하셨고, 그 언약하신 대로 다윗과 그 후손을 통하여 모든 소원을 이루실 것이라고 말씀하셨습니다. 그리고 이 언약은 곧 인류의 구주가 되시는 다윗의 자손 예수 그리스도의 출현을 암시하는 것입니다.

하나님과의 언약은 인간과의 언약과 다릅니다. 하나님은 다윗과 언약을 맺으신 뒤 그가 죄를 범하더라도 저버리지 아니하시고 영원한 신실함으로 그 말씀을 이루셨습니다. 인간의 부족함을 아시는 주님은 우리가 간구할 때 알지 못하는 것까지 모두 예비하시고 그 약속을 스스로 견고하게 하십니다. 그러므로 우리는 항상 하나님과의 언약에 서서 주를 경외함으로 그 축복을 누려야 합니다.

1. 하나님이 세우신 다윗의 언약

사무엘하 7장 16절에서 하나님은 선지자 나단을 통해 다윗에게 이렇게 말씀하셨습니다. "네 집과 네 나라가 내 앞에서 영원히 보전되고 네 왕위가 영원히 견고하리라 하셨다 하라." 하나님이 다윗과 세우신 이 언약은 다윗의 집을 보전하고, 다윗의 집이 하나님의 은혜 가운데 영원히 보전될 것이라는 말씀입니다.

하나님의 언약은 영원하며 견고합니다. 우리가 삶에 지쳐서 때때로 세상에 치우치더라도 하나님은 이미 우리의 연약함을 알고 계시며 당신의 자비와 은총을 거두시지 않으시고 일방적으로 언약을 성취해 가십니다.

1) 다윗과 맺으신 무조건적인 언약

하나님은 다윗과 언약을 맺으시면서 다윗의 집을 영원히 보전해주시겠다고 약속하셨습니다. 여기서 '집'은 일반적인 집안이 아닌 '다윗 왕조'를 의미합니다. 다윗에게 주신 약속은 다윗의 때만이 아니라 그의 후손까지 이어지는 영원한 약속이라는 뜻입니다. 실제로 이스라엘 역사를 보면 하나님은 다윗의 후손들이 대대로 이스라엘을 다스리게 하셨고, 이스라엘 나라가 남북으로 분열된 이후에도 남쪽 유다 지파를 통해서 다윗의 왕가를 이어가도록 하셨습니다. 다윗의 집안이 계속해서 나라를 이룰 수 있도록 하심으로써 하나님은 그 약속을 실현하신 것입니다.

하나님이 다윗과 맺은 언약은 무조건적인 언약입니다. 여기서

'무조건적'이라는 것은 조건이 없다는 것이 아니라 인간에 의해 파기되어도 하나님을 통해서 계속 유지된다는 뜻입니다. 하나님과 인간 사이의 약속은 연약한 인간 쪽에서 깨게 되어 있습니다. 이스라엘 백성들은 모세를 통하여 율법을 받을 때 하나님의 말씀을 순종하고 지킬수 있다고 장담했습니다. 그러나 후에 그들은 우상을 숭배하고 죄를 범함으로 하나님과 맺은 계약을 일방적으로 깨고 말았습니다.

우리들도 은혜를 받아 좋은 일이 생길 때에는 하나님께 영광을 돌리며 신실히 살겠다고 약속을 하지만, 세월이 지나면서 세상의 유혹에 휩싸이게 되고 그만 일방적으로 하나님과의 약속을 파기해 버립니다. 그럼에도 불구하고 하나님은 "네가 파기했으니 이 약속은 무효다"라고 하지 않으십니다. 하나님은 인간의 연약함을 아십니다. 하나님은 죄를 범한 자들에게 징계를 내리시지만, 그 징계의 기간이 끝나고 난 다음에는 자비와 사랑을 베풀어 회복시키시고 하나님의 은총을 내려주십니다. 그렇게 연약하여 쓰러지면 바로잡아 회복시키면서 하나님은 유다와 이스라엘의 역사를 이끌어가셨습니다.

또한 다윗 언약은 다윗 왕가의 영속성 뿐만 아니라 다윗의 후손으로 오실 예수 그리스도를 가리키는 말씀입니다. 하나님은 자비하심으로 예수님을 통해서 끝내 완벽히 그 약속을 이루셨습니다.

역대하 21장 7절은 "야훼께서 다윗의 집을 멸하기를 즐겨하지 아니하셨음은 이전에 다윗과 더불어 언약을 세우시고 또 다윗과 그의 자손에게 항상 등불을 주겠다고 말씀하셨음이더라"고 말씀합니다. 우리가 주님 앞에 범죄하고 회개하는 것을 반복하다보면 어느 순간 우리는 우리 스스로를 불신하게 될 때가 있습니다. 마치 베드로가 예수님을 세 번 부인한 뒤 예수님은 "요한의 아들 시몬아, 네가 나를 사랑하느냐?"고 세 번 물으시자 자신감을 잃고 "내가 주를 사랑하는지 주께서 아십니다"라고 대답한 것처럼 말입니다. 그러나 그럴 때마다 하나님은 인간의 연약함을 아시고 사랑과 긍휼로 우리와의 약속을 일방적으로 이루어 가시는 분이심을 기억하시기 바랍니다.

2) 영원히 견고한 나라

다윗 왕조와 그 나라가 영원히 보전되며 견고하리라는 선언은 다윗 언약의 절정입니다. 역사적으로 보면 이스라엘은 영원히 견고하지 못했습니다. 북 이스라엘은 앗수르에 의해서, 그리고 남 유다는 바벨론에 의해 멸망을 당했습니다. 그 후 잠시 회복이 되었다가 주후 70년에 로마에 의해 이스라엘은 완전히 멸망을 당했습니다. 그러나 하나님은 그 징계의 기한이 차자 1948년에 이스라엘을 재건시키셔서 현재 이스라엘은 1900년 동안 잃어버린 땅을 다시 찾아 독립국가로 남아있습니다. 나아가 다윗 언약은 그의 육신적인 후손이신 예수님을 통해서 주님의 나라로 영원히 서고, 그 나라는 견고하게 될 것을 말씀하신 것입니다. 즉 하나님의 징계는 있을지라도 그 징계의 기한이 차면 하나님의 자비와 은총으로 회복시켜주십니다.

다윗과의 약속은 또한 그의 육신적인 후손이신 예수님을 통해서 주님의 나라가 영원히 서고, 그 나라가 영원히 견고하게 될 것을 예언한 것입니다. 예수님은 만왕의 왕이시며 온 세상을 다스리시고 통치하시는 영원한 왕이십니다. 다윗 왕조는 예수님을 통하여 영원히 견고케 된 것이며 하나님이 세우신 언약은 완전하게 이루어진 것입니다.

2. 의로운 왕 다윗의 통치

사무엘하 23장 1절부터 4절까지에서 다윗은 성령의 감동을 받아 다음과 같이 말합니다. "이는 다윗의 마지막 말이라 이새의 아들 다윗이 말함이여 높이 세워진 자, 야곱의 하나님께로부터 기름 부음 받은 자, 이스라엘의 노래 잘하는 자가 말하노라 야훼의 영이 나를 통하여 말씀하심이여 그의 말씀이 내 혀에 있도다 이스라엘의 하나님이 말씀하시며 이스라엘의 반석이 내게 이르시기를 사람을 공의로 다스리는 자, 하나님을 경외함으로 다스리는 자여 그는 돋는 해의 아침 빛 같고 구름 없는 아침 같고 비 내린 후의 광선으로 땅에서 움이 돋는 새 풀 같으니라 하시도다.” 이 말씀은 나단 선지자를 통해 받았던 다윗의 언약에 기인한 것입니다(삼하 7:2-16). 그 언약 가운데는 장차 오실 메시아에 대한 예언이 포함되어 있습니다. 다윗은 성령의 감동으로 자기 자신에 대해 말하는 동시에 메시아로 오실 예수 그리스도를 나타내고 있습니다.

1) 공의로 다스린 다윗

다윗은 공의로운 통치자의 모델입니다. 본문에 있는 ‘공의’에 해당하는 히브리어 ‘짜디크(צַדִּיק)’는 판단과 행위에 있어서 흠잡을 곳이 없고 완벽한 것을 말합니다. 이러한 공의는 하나님께 속한 속성으로서 다윗이 의로우신 하나님과 올바른 관계를 유지할 때에 가질 수 있는 속성입니다. 그럼에도 불구하고 이스라엘의 많은 왕들 가운데 참으로 하나님을 사랑하고 공의로 나라를 다스리려 했던 다윗 또한 완벽하지는 못했습니다. 그는 이스라엘의 왕으로서 때때로 시험과 유혹에 넘어가 실족하고 만 것입니다. 즉 다윗은 공의로 통치하는 자의 모델은 되었으나 완전한 공의에는 도달하지 못하였습니다.

그러나 공의로 완벽하게 이 땅을 통치하신 분이 계십니다. 그

분은 바로 예수님이십니다. 예레미야 23장 5절은 "야훼의 말씀이니라 보라 때가 이르리니 내가 다윗에게 한 의로운 가지를 일으킬 것이라 그가 왕이 되어 지혜롭게 다스리며 세상에서 정의와 공의를 행할 것이며"라고 말씀하고 있습니다. 다윗은 주님이 이 땅에 재림하시고 영원히 다스리실 때 어떠한 모습으로 사역하실지를 보여주는 표상입니다. 다윗이 이스라엘을 공의로 다스린 것과 같이 예수 그리스도는 이 땅을 공의로써 다스리실 것입니다.

2) 하나님을 경외함으로 다스린 다윗

구약성경의 이스라엘 역사를 살펴보면 왕이나 지도자의 신앙으로 말미암아 나라의 흥망성쇠가 결정된 것을 볼 수 있습니다. 백성의 대표자인 왕이 하나님을 의지하고 부르짖으면, 하나님은 친히 그들의 통치기간 동안 방패와 마병이 되어 주시고 태평성대를 이루게 하셨습니다. 그러나 오므리의 아들 아합 왕같이 야훼를 경외하지 않고 우상을 숭배하는 악한 왕이 다스리게 되면 그 백성들은 말할 수 없는 고통 속에 놓이게 됩니다.

다윗은 하나님을 경외하는 대표적인 왕입니다. 그가 통치자로 세워졌을 때 이스라엘은 하나님께 큰 복을 받았습니다. 다윗 또한 축복을 받아 가나안 정복을 완성시키는 왕이 되었을 뿐 아니라 그 왕가가 계속 이어지게 되었습니다. 하나님은 다윗처럼 하나님을 경외하며 백성들을 다스리는 자를 가리켜서 '돋는 해의 아침 빛', '땅에서 움이 돋는 새 풀'과 같다고 하셨습니다. 의로운 왕의 통치는 그 백성들에게 생명과 번영을 가져다줍니다.

그럼에도 하나님을 경외함으로 궁극적으로 이 땅을 다스리는 자는 예수 그리스도를 가리킵니다. 겸손의 왕이신 예수님은 사랑과 공의로 이 땅을 다스리시고 통치하십니다. 다윗은 하나님을 경외하여 이스라엘을 통치하였지만 인간적인 연약함 때문에 완벽한 왕이 되지 못했습니다. 오직 죽기까지 순종하여 십자가를 지시고 부활하신 예수님이야말로 세상 만물을 하나님 경외함으로 다스리실 통치자이십니다.

본문의 말씀에서 '공의로 다스리는 자', '하나님을 경외함으로 다스리는 자' 는 다윗 자신을 가리킨 것이나 종국적으로 그 말씀은 그의 자손으로 오실 예수님을 통하여 완벽하게 실현되었습니다. 그리고 이와 같은 일이 이루어진 것은 바로 하나님의 신실하신 언약에 기인한 것입니다.

3. 언약대로 이루시는 하나님

하나님의 은총은 다윗의 시대에만 국한되지 않습니다. 오늘날도 하나님은 예수 그리스도를 통해서 하나님의 자녀가 된 우리 모두에게 언약을 세우시고, 이행하시고, 지켜주십니다.

사무엘하 23장 5절은 "내 집이 하나님 앞에 이같지 아니하냐 하나님이 나와 더불어 영원한 언약을 세우사 만사에 구비하고 견고하게 하셨으니 나의 모든 구원과 나의 모든 소원을 어찌 이루지 아니하시랴"라고 말씀합니다. 하나님은 자신이 맺으신 언약을 이루기 위해서 필요한 모든 것을 부족함 없이 준비하시고 계속적으로 그것을 이루기 위하여 보호하시는 분이십니다.

1) 만사에 구비하고 견고케 하시는 하나님

5절은 주님은 언약 후에 '만사에 구비하고 견고하게' 하신다고 말씀하고 있습니다. 야훼 이레의 예비하시는 하나님은 그 약속을 이행하기 위해서 인간의 생각을 뛰어넘는 방법으로 만사를 구비하십니다. '구비하고'에 해당하는 히브리어 원형인 '아라크 (עָרַךְ)'는 '물건을 늘어놓거나 쌓아 올리는 것'을 의미합니다. 오늘도 주님은 우리에게 약속을 하시면 그것을 이루기 위하여 모든 것을 쌓아놓고 계십니다. 우리가 하나님 앞에 낙심하지 아니하고 계속해서 믿음을 가지고 기도하면 주님은 예비된 그 복을 우리에게 주시는 것입니다. 빌립보서 4장 19절을 기억하십시오. "나의 하나님이 그리스도 예수 안에서 영광 가운데 그 풍성한 대로 너희 모든 쓸 것을 채우시리라."

또한 하나님은 반드시 그 언약을 이루시기 위하여 그것을 견고케 하신다고 말씀하셨습니다. 여기서 '견고케 하셨으니'에 해당하는 히브리어 원형인 '샤마르(שׁמר)'는 '지켜 보호하는 것'을 의미합니다. 이는 하나님이 맺으신 언약을 이루기 위해서 필요한 것들을 부족함 없이 준비하실 뿐만 아니라 계속적으로 보호하신다는 것을 나타냅니다. 하나님은 끝까지 신실하셔서 모든 일에 전적으로 믿고 의지할 수 있는 분입니다.

하나님은 우리에게도 다윗과 마찬가지로 만사에 모든 것을 구비하여 주십니다. 왜냐하면 우리는 다윗 언약을 성취하신 그리스도를 믿고 그분을 통하여 하나님의 자녀 된 자들이기 때문입니다. 말씀에 순종하고 주님께 의지하고 나아가면 하나님은 우리의 만사를 살피시고 이미 예비해 놓으신 은혜로 우리의 부족을 채워주십니다. 그리고 이 모든 것을 견고케 함으로 보존하시어 끝까지 약속을 지키십니다.

2) 모든 구원과 소원을 이루시는 하나님

그리고 모든 것을 준비하고 견고케 하신 하나님이 최종적으로 모든 구원과 소원을 이루어주십니다. 소원을 이루는 주체는 내가 아닌 하나님이십니다. 하나님을 사랑하고 기뻐하면 주님은 모든 것을 약속하신 말씀대로 준비하시고 보존하십니다. 그리고 때가 되면 우리 마음의 깊은 소원을 완성시키시고 응답해주시는 것입니다. 하나님은 구원의 하나님이요, 소원을 이루어 주시는 하나님입니다. 그러므로 마음에 목표를 세우고 하나님을 기쁘시게 하십시오. 그러면 하나님이 직접 그 소원을 준비하시고 그것을 이루셔서 꿈꾸는 일들이 이루어지게 하실 것입니다.

다윗이 자신의 모든 구원과 소원이 이루어질 것이라고 말한 것은 하나님이 그와 후손을 영원히 형통케 해주시리라고 약속하셨기 때문입니다. 그리고 그 언약은 예수 그리스도에 대한 예언으로 이어집니다. 다윗이 소유하였던 하나님의 은혜는 오늘날 예수 그리스도를 믿는 성도들이 소유하고 있는 동일한 약속입니다. 그러므로 다윗의 축복은 나의 축복이요, 하나님이 다윗과 맺은 언약은 나하고 맺은 언약인 것을 깨달으시길 바랍니다. 하나님은 예수님을 믿는 자들에게 구원을 베푸시고 그들을 하나님의 나라로 인도하시어 모든 소원을 이루어 주실 것이기 때문입니다.

하나님이 다윗과 세우신 언약은 인간의 연약함에 의해 파기되어도 지켜지는 무조건적인 언약이었습니다. 비록 후손들의 죄로 인해 그 언약이 희미해졌지만 영원한 언약의 완성이신 예수 그리스도를 통해서 그 언약이 완전하게 이루어진 것입니다. 하나님은 그 언약대로 예수님을 믿고 사는 우리들의 모든 필요를 채우시고 구원과 소원을 이루어주십니다. 시편 62편 5절에서 7절은 이렇게 말씀하고 있습니다. "나의 영혼아 잠잠히 하나님만 바라라 무릇 나의 소망이 그로부터 나오는도다 오직 그만이 나의 반석이시요 나의 구원이시요 나의 요새이시니 내가 흔들리지 아니하리로다 나의 구원과 영광이 하나님께 있음이여 내 힘의 반석과 피난처도 하나님께 있도다."

그러므로 하나님만이 나의 구원이시며, 나의 소원을 이루어주시는 분임을 고백하십시오. 우리가 하나님이 약속하신 말씀을 의지하고 주님의 마음에 합한 것을 간절히 간구하면, 하나님은 우리를 위해서 예비하신 복을 허락하십니다. 하나님은 자신의 약속을 지키기 위해서 우리를 보호해 주십니다. 그리고 그 언약의 성취는 예수님을 통해서 이루어졌습니다. 신실하신 하나님의 말씀 앞에 서서 하나님께 소망을 두어 놀라운 축복의 소유자가 되시기를 바랍니다.

하나님과의 언약에 서라

성경에는 여러 하나님의 사람들의 유언들이 나옵니다. 본문의 말씀은 임종을 앞둔 다윗의 유언입니다. 삶의 마지막 순간에 다윗은 하나님 언약의 약속을 되새깁니다. 이 약속은 하나님이 다윗에게 주신 축복이요, 구약성경의 중심 내용 중 하나입니다.

1. 하나님이 세우신 다윗의 언약

"네 집과 네 나라가 내 앞에서 영원히 보전되고 네 왕위가 영원히 견고하리라"(삼하 7:16). 하나님이 다윗과 세운 이 언약은 무조건적인 언약입니다. 이것은 하나님을 통해 계속 유지된다는 의미입니다. 그리고 다윗과 다윗의 후손이 하나님의 은혜 가운데 영원히 보전될 것 말하고 있습니다.

2. 의로운 왕 다윗의 통치

다윗은 공의로운 통치자이며, 하나님을 경외하는 대표적인 이스라엘의 왕입니다. 그가 통치자로 있었을 때 이스라엘은 하나님께 큰 복을 받았습니다. 그럼에도 종국적으로 다윗의 자손으로 오실 예수님을 통하여 완벽하게 실현되었습니다.

3. 언약대로 이루시는 하나님

하나님은 자신이 맺으신 언약을 이루기 위해서 필요한 모든 것을 준비하고 이루시는 분입니다. 우리가 하나님을 사랑하고 기뻐하면 주님은 모든 것을 약속하신 말씀대로 이루시고 응답해 주십니다.

하나님은 그 언약대로 예수님을 믿고 사는 우리들의 모든 필요를 채우시고 구원과 소원을 이루어주십니다.

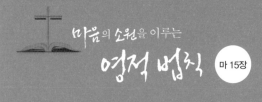

마음의 소원을 이루는
영적 법칙 마 15장

1. 믿음을 시험하신 예수님
2. 여자의 믿음의 고백
3. 믿음을 통한 소원의 성취

PART 7

믿음으로 나아가라

마태복음 15:21-28

믿음으로 나아가라

마태복음 15:21-28

"예수께서 거기서 나가사 두로와 시돈 지방으로 들어가시니 가나안 여자 하나가 그 지경에서 나와서 소리 질러 이르되 주 다윗의 자손이여 나를 불쌍히 여기소서 내 딸이 흉악하게 귀신 들렸나이다 하되 예수는 한 말씀도 대답하지 아니하시니 제자들이 와서 청하여 말하되 그 여자가 우리 뒤에서 소리를 지르오니 그를 보내소서 예수께서 대답하여 이르시되 나는 이스라엘 집의 잃어버린 양 외에는 다른 데로 보내심을 받지 아니하였노라 하시니 여자가 와서 예수께 절하며 이르되 주여 저를 도우소서 대답하여 이르시되 자녀의 떡을 취하여 개들에게 던짐이 마땅하지 아니하니라 여자가 이르되 주여 옳소이다마는 개들도 제 주인의 상에서 떨어지는 부스러기를 먹나이다 하니 이에 예수께서 대답하여 이르시되 여자여 네 믿음이 크도다 네 소원대로 되리라 하시니 그 때로부터 그의 딸이 나으니라"(마 15:21-28).

믿음은 하나님의 사람에게 필수적이며, 축복의 삶을 맛보기 위한 가장 중요한 요소입니다. 히브리서 11장 6절은 "믿음이 없이는 하나님을 기쁘시게 하지 못한다"고 말씀하고 있습니다. 믿음은 하나님을 기쁘시게 할 뿐만 아니라 신앙인의 삶의 방식이기도 합니다. 예수님을 향한 믿음은 우리의 구원과 더불어 수없이 많은 절망의 인생을 희망으로 바꾸어 주었습니다. 많은 사람들이 믿음으로 말미암아 그들의 인생이 변화되었습니다.

본문은 예수님이 유대 지도자들을 피해 두로와 시돈 지방으로 가시는 것으로 시작됩니다. 두로와 시돈은 이방 지역입니다. 그런데 그 곳에 한 가나안 여자가 멀리서부터 예수님의 소문을 듣고 찾아 왔습니다. 그 여자의 딸은 흉악한 귀신이 들렸습니다. 가나안 여자는 자신의 딸을 고쳐달라고 예수님께 소리쳤습니다. "주 다윗의 자손이여 나를 불쌍히 여기소서 내 딸이 흉악하게 귀신 들렸나이다"(22절).

성령이 생명의 영이라면, 귀신은 흉악한 영입니다. 주님의 성령이 내 안에 거하시면 성령님께서 생명과 기쁨, 은혜를 주시고 하나님의 사랑을 체험하게 하십니다. 그러나 귀신이 사람 속에 들어가면 올바른 인격이 억압을 당하고, 전혀 다른 사람이 되어 자신과 주변 사람을 고통스럽게 합니다.

이 여자는 예수님에 대해 올바른 인식을 가지고, 예수님만이 자신의 딸을 고칠 수 있음을 믿었습니다. 예수님이 주시는 생명의 성령만이 악한 귀신을 몰아낼 수 있음을 정확히 알고 있었습니다. 그러나 그녀는 이방인으로서 유대인이신 예수님을 만나지 못해 고민하던 차에 예수님이 자신의 거주지 인근 지역에 오셨다는 말을 듣고 한달음에 달려갔습니다. 그녀는 마음속에 소원하던 일에 있어서 은혜의 기회를 놓치지 않고 붙잡은 것입니다.

그녀는 비록 이방인이었지만 유대 지도자들이 가지지 못했던 예수님에 대한 올바른 신앙을 가지고 있었습니다. 이러한 믿음을 가진 가나안 여자를 통해 예수님이 이루어주신 소원을 살펴보도록 하겠습니다.

1. 믿음을 시험하신 예수님

예수님은 가나안 여인의 믿음을 시험하셨습니다. 본문의 21절부터 24절의 말씀을 보면 "예수께서 거기서 나가사 두로와 시돈 지방으로 들어가시니 가나안 여자 하나가 그 지경에서 나와서 소리 질러 이르되 주 다윗의 자손이여 나를 불쌍히 여기소서 내 딸이 흉악하게 귀신 들렸나이다 하되 예수는 한 말씀도 대답하지 아니하시니 제자들이 와서 청하여 말하되 그 여자가 우리 뒤에서 소리를 지르오니 그를 보내소서 예수께서 대답하여 이르시되 나는 이스라엘 집의 잃어버린 양 외에는 다른 데로 보내심을 받지 아니하였노라 하시니"라고 말하고 있습니다. 가나안 여자의 간절한 간구에도 예수님은 무관심한 듯 보입니다. 그러나 실상은 그 여자의 믿음을 시험하신 것입니다. 우리도 주님이 응답을 주시기 전에 시험하신다는 것을 기억하고 절망하기보다는 오히려 다가올 축복에 기뻐하며 감사해야 합니다.

1) 귀신들린 딸을 가진 한 여인의 간구

가나안 여자는 자신의 딸의 병을 고칠 수 있는 방법이 오직 예수님밖에 없다고 확신하며 예수님 앞에 나왔습니다. 우리도 문제 해결을 받기 위해서는 주님께 나아와 간구해야 합니다. 회당장 야이로도 딸이 죽어가게 되었을 때 회당장의 신분도, 유대인들의 핍박도 무시한 채 예수님 앞에 나와 무릎을 꿇고 딸을 고쳐주실 것을 간절히 간구했습니다. 비록 주님이 우리가 처한 상황에 대해 알고 계신다고 하더라도 간절한 기도 없이는 은혜의 역사가 일어날 수 없습니다.

가나안 여자는 이 사실을 잘 알았습니다. 예수님이 이방 지역에 오신 그 때가 바로 예수님 앞에 나아와 간구할 때인 것을 깨달은 것입니다. 그녀는 영적인 병을 고치실 수 있는 이는 하나님의 아들이신 메시아 예수님뿐이므로 이 문제를 예수님께 가지고 나와야 해결된다는 믿음을 가지고 자기 딸이 흉악한 귀신들렸음을 고백했습니다. 이 간구가 끝내는 주님의 응답을 가져오게 된 것입니다. 이렇듯 은혜의 기회가 앞에 왔을 때 기회를 놓치지 않는 사람들만이 기적의 주인공들이 될 수 있습니다. 고린도후서 6장 2절은 "보라 지금은 은혜 받을 만한 때요 보라 지금은 구원의 날이로다"라고 말씀합니다. 은혜가 기회로 다가올 때 그 기회를 놓치지 말아야 합니다.

가나안 여자는 자신의 딸이 '흉악한' 귀신이 들렸다고 하였습니다. 이에 해당하는 헬라어 '카코스(κακῶς)'는 도덕적으로는 '나쁜'이라는 뜻을, 육체적으로는 '병든', 그리고 '위험한'이라는 뜻을 가지고 있습니다. 이것으로 볼 때 가나안 여자의 딸은 귀신들림으로 인하여 육체적인 질병과 나쁜 행실을 가지고 사람을 위협하는 행동을 했을 것입니다. 이런 딸을 가진 가나안 여자는 "나를 불쌍히 여기소서"라고 예수님께 소리를 질렀습니다. 이는 자신에게 은혜를 받을 만한 자격이 없지만 자비로운 마음으로 은혜를 베풀어 달라는 간절한 호소였습니다.

가장 기독교적인 단어를 하나를 찾으라고 한다면 '그럼에도 불구하고'가 될 것입니다. 이방인 여인은 자신이 사랑과 긍휼을 받을 자격이 없는 것을 앎에도 불구하고 주님께 적극적으로 나아와 문을 두드렸습니다. 우리가 죄를 짓고 불의하고 추악하며 버림을 받아 마땅한 존재라 하더라도 하나님 앞에 나오면 주님은 '그럼에도 불구하고' 우리를 깨끗하게 하시고, 의롭게 하시고, 자비와 사랑을 베풀어 구원하여 주시는 것입니다. 시편 123편 2절은 "상전의 손을 바라보는 종들의 눈 같이, 여주인의 손을 바라보는 여종의 눈 같이 우리의 눈이 야훼 우리 하나님을 바라보며 우리에게 은혜 베풀어 주시기를 기다리나이다"라고 말씀합니다.

우리가 기도할 때 마귀는 끊임없이 우리의 자신감을 빼앗아 가려고 합니다. 우리에게 자격이 없다고, 하나님은 많은 사람들의 기도 중에 네 기도를 들을 리 없다고, 포기하라고 계속 유혹합니다. 그러나 우리는 때를 따라 돕는 은혜와 긍휼을 얻기 위해서 하나님의 보좌에 담대히 나아가야 합니다. 성경은 우리의 담대함이 상을 받는다고 말하고 있습니다(히 10:35). 가나안 여인의 마음을 기억하십시오. 그녀는 딸을 살리기 위해 염치 불구하고 예수님께 담대하게 나아가 상에서 떨어지는 부스러기라도 얻고자 했습니다. 그녀는 어머니의 절박한 심정과 불퇴진의 믿음으로 응답을 받게 된 것입니다. 체면과 겉치레를 버리고 담대하고 겸손하게 주님께 나아오면 주님은 우리에게 은혜를 베풀어 주시는 것입니다.

2) 예수님의 시험

여자의 간구에도 불구하고 예수님은 반응을 보이지 않으셨습니다. 도리어 제자들이 예수님께 여자가 계속해서 소리를 지르니 보내자고 호소합니다. 그러나 예수님은 이 여자를 바로 도와주시지 않고 "이스라엘 집의 잃어버린 양 외에는 다른 데로 보내심을 받지 않았다"라고만 말씀하셨습니다. 이것은 예수님이 여자의 믿음을 시험해 보신 것입니다.

성경에서 말하는 '시험'에는 크게 두 가지가 있습니다. 먼저 유혹의 시험입니다. 이것은 보통 마귀의 시험인 유혹(temptation)

을 의미합니다. 마귀는 우리를 유혹해서 타락시키려 합니다(마 4:1). 그리고 두 번째 시험은 주님이 우리를 테스트(test)하는 시험을 말합니다. 야고보서 1장 12절은 이 시험(test)에 관련되어 말하고 있습니다. "시험을 참는 자는 복이 있나니 이는 시련을 견디어 낸 자가 주께서 자기를 사랑하는 자들에게 약속하신 생명의 면류관을 얻을 것이기 때문이라." 이 구절은 하나님이 믿음의 시험을 통과한 자에게 생명의 면류관을 주신다는 말입니다. 성경에 나온 많은 하나님의 사람들은 믿음의 시험을 통과하여 결국 하나님의 큰 축복을 받았던 것을 볼 수 있습니다.

마귀가 와서 육신의 정욕, 안목의 정욕, 이 세상 자랑으로 우리를 유혹할 때는 근신하고 마귀를 대적해야 합니다. 그러나 주님의 시험 때는 크게 기뻐하고 즐거워해야 합니다. 주님이 시험하시는 것은 우리의 믿음에 응답을 주시기 위함이라는 것을 기억해야 합니다.

예수님은 여자에게 무반응의 시험을 하셨습니다. 선지자 엘리사도 나아만 장군이 찾아왔을 때 거들떠보지도 않았습니다. 오히려 하인을 보내어 요단강에 가서 일곱 번 씻으라고만 했을 뿐입니다. 그 때 나아만이 그냥 돌아갔다면 문둥병으로 죽었을 것이나, 자존심을 굽히고 순종하자 나음을 입게 되었습니다. 이처럼 주님은 우리를 낮추는 시험을 하십니다.

24절의 "나는 이스라엘 집의 잃어버린 양 외에는 다른 데로 보내심을 받지 아니하였노라"는 말씀은 이스라엘 이외에는 하나님의 구원과 은혜가 없다는 것이 아니라 주님의 우선순위가 이스라엘의 잃어버린 양에게 있다는 뜻입니다. 유대인의 시대에는 우선권이 유대인들에게 있었으나 십자가 사건 이후로는 그 우선권이 사라졌습니다. '누구든지' 예수님을 믿으면 유대인이든, 이방인이든 하나님의 자녀가 되고 믿음으로 주님께 나아오는 모든 사람들을 주님이 만나주시는 것입니다.

2. 여자의 믿음의 고백

본문 25절부터 27절까지에는 가나안 여인의 믿음의 고백이 실려 있습니다. "여자가 와서 예수께 절하며 이르되 주여 저를 도우소서 대답하여 이르시되 자녀의 떡을 취하여 개들에게 던짐이 마땅하지 아니하니라 여자가 이르되 주여 옳소이다마는 개들도 제 주인의 상에서 떨어지는 부스러기를 먹나이다 하니." 예수님은 시험을 통해 바로 이 믿음의 고백을 듣기 원하셨습니다. 하나님이 가나안 땅에 보내졌던 이스라엘 열 정탐꾼의 부정적인 말을 들의신 후 "너희 말이 내 귀에 들린대로 내가 너희에게 행하리니"라고 말씀하신 것처럼 하나님은 우리의 신앙고백대로 우리에게 행하여 주시는 것입니다. 그러므로 함부로 불신과 불평의 말을 하지 말고, 믿음의 신앙고백을 하십시오. 우리 믿음의 고백이 바로 우리의 사람됨이요, 생각이요, 꿈이 되는 것입니다.

1) 예수님에 대한 올바른 인식

여자의 믿음이란 은혜 받을 수 없는 처지에도 불구하고 예수님을 향하여 자신을 불쌍히 여겨 달라고 간절히 외치는 것이었습니다. 본문에서 '절하며'에 해당하는 헬라어 동사 '프로스퀴네오 (προσκυνέω)'는 '예배하다'라는 뜻으로 여기서 미완료형으로 사용되었습니다. 이것은 중단되지 않고 계속 진행되는 표현으로, 즉 여자가 계속해서 절을 했음을 보여줍니다. 여자는 또한 예수님에 대해 '주', '다윗의 자손'이라고 말하며 메시아 되심을 고백하였습니다. 이것은 예수님을 자신의 주님으로 여기고 경배한 것입니다.

이러한 믿음의 고백 속에는 예수님에 대한 올바른 인식이 있었습니다. 가나안 여자는 예수님을 다윗의 자손, 메시아로 바로 알고 있었던 것입니다. 올바른 인식은 구원을 받기 위해 반드시 필요합니다.

그러므로 우리도 예수님에 대한 올바른 인식을 가져야 합니다. 예수님을 단순히 위대한 스승이요, 좋은 말씀을 해주시는 분이자 인류의 성인이라고만 생각하는 사람은 구원을 받을 수 없습니다.

우리는 반드시 예수 그리스도를 나의 구주로 모셔 들이고 입으로 주님께 신앙고백을 해야 합니다. 그렇기 때문에 주님은 이 여인의 말을 듣고 내심 기뻐하셨습니다.

그러나 예수님은 도움을 청하는 가나안 여자를 한 번 더 시험하셨습니다. 이것은 여자를 멸시하셨기 때문이 아니라 여자의 믿음을 보시기 위함이었습니다. 여자는 좌절하지 않고 끝까지 겸손한 자세로 자신을 낮추어 예수님께 간절히 도움을 구하였습니다.

2) 여자의 신앙고백

여자는 이방인과 유대인을 구별하여 자신의 간구를 거절하시는 예수님의 말씀에 전적으로 동의했습니다. 그러나 여자는 오히려 집안에서 기르는 개가 누리는 혜택을 자신도 누릴 수 있다고 고백합니다. 이는 이방인들도 하나님의 은혜에 동참할 수 있다는 여자의 신앙을 밝히는 것입니다. "여자가 이르되 주여 옳소이다 마는 개들도 제 주인의 상에서 떨어지는 부스러기를 먹나이다 하니"(27절). 그녀는 당시 유대인들이 개로 비하하던 이방인의 신분이었지만 예수님의 자비와 긍휼을 구하는 겸손한 자세를 보인 것입니다.

예수님은 이 여인의 고백을 듣고, "여자야 네 믿음이 크도다 네 소원대로 되리라" 하시며 크게 칭찬하셨습니다. 이것이 시험을 통과한 여인에게 보이신 주님의 본마음입니다. 누가복음 18장 7절은 "하물며 하나님께서 그 밤낮 부르짖는 택하신 자들의 원한을 풀어 주지 아니하시겠느냐 그들에게 오래 참으시겠느냐"라고 말씀하고 있습니다. 주님의 본마음을 기억하고 어떠한 시험이 다가와도 가나안 여인처럼 담대하게 나아가기를 바랍니다.

3. 믿음을 통한 소원의 성취

본문 28절을 보면 "이에 예수께서 대답하여 이르시되 여자여 네 믿음이 크도다 네 소원대로 되리라 하시니 그 때로부터 그의 딸이 나으니라"라고 말씀하고 있습니다. 시험을 통과하면 주님은 우리의 믿음을 칭찬하시고 그 믿음으로 말미암아 소원을 이루어 주십니다.

1) 믿음에 대한 주님의 칭찬

믿음만큼 주님을 기쁘시게 하는 것이 없습니다. 예수님은 함께 하는 제자들에게 믿음이 적어서 의심하는 것을 보시면서 이 가나안 여자의 믿음에 대하여 칭찬하셨습니다. 예수님은 가나안 여자의 소원이 그녀의 믿음으로 말미암아 이루어질 것이라고 말씀하신 것입니다. 그녀가 가지고 있었던 소원은 흉악하게 귀신들린 자신의 딸이 귀신으로부터 놓임을 받는 것이었습니다. 그 소원을 가질 수 있었던 것은 예수님이 자신의 딸을 고치실 수 있다는 믿음이 있었기 때문입니다.

로마서 4장 20절에서 21절은 "믿음이 없어 하나님의 약속을 의심하지 않고 믿음으로 견고하여져서 하나님께 영광을 돌리며 약속하신 그것을 또한 능히 이루실 줄을 확신하였으니"라고 말씀합니다. 믿음으로 견고하여지면 하나님께 영광을 돌리게 됩니다.

2) 믿음대로 이루어지는 소원

예수님이 '네 소원대로 되리라'고 말씀하신 것은 여자의 믿음을 근거로 딸의 병을 고쳐주신다는 뜻입니다. '소원대로'에 쓰인 '~대로'는 헬라어 '호스(ώς)'로 '~만큼', '~같이'로 번역이 됩니다. 이는 가나안 여자가 그녀의 믿음에 비례해서 큰 결실을 맺게 된다는 것입니다.

그리고 예수님이 '되리라'는 명령법을 사용하시니 여자의 딸이 그 때로부터 단번에 고침을 받게 된 것을 알 수 있습니다. 시험 후에 주님은 지체하지 않고 그 필요한 것을 내려 주셨습니다.

하나님을 의심하지 않고 진심으로 믿는 자만이 참된 소망을 가질 수 있으며 이룰 수 있습니다. 가나안 여인과 같이 믿음으로 나아가는 자는 시험을 통과하여 그 마음의 소원을 주님이 이루어주십니다.

유대 지도자들은 예수님을 비방하기 위해 나왔으나 가나안의 한 여자는 주님의 도우심을 간구하고 주님의 치유를 소망하는 마음으로 나아왔습니다. 그리고 그 여인은 예수님께 나와서 비록 자격 없는 이방인이지만 불쌍히 여겨달라고 호소했습니다. 예수님의 메시아 되심과 크신 능력을 믿고 나아가자 주님은 그 여자의 믿음을 보시고 큰 믿음대로 마음의 소원을 이루어주신 것입니다.

그러므로 어떠한 상황이 다가오더라도 하나님은 믿음으로 간구하는 자를 외면하지 않으신다는 것을 떠올리십시오. 마음에 계획을 세우고 부르짖을 때 주님이 아무 반응이 없으시더라도 결코 절망하지 마시고 주님이 믿음을 시험하고 계시다는 것을 기억하시길 바랍니다. 믿음을 가지고 끝까지 나아가면 주님이 반드시 들으시고 그 소원을 이루어 주실 것입니다. 이 은혜가 넘쳐나는 삶을 사시기를 주님의 이름으로 축원합니다.

믿음으로 나아가라

믿음은 하나님을 기쁘시게 할 뿐만 아니라 신앙인의 삶의 방식입니다. 예수님을 향한 믿음은 우리의 구원과 더불어 수없이 많은 절망의 인생을 희망으로 바꾸어 줍니다. 본문은 가나안 여인의 믿음에 대해 살펴 볼 수 있습니다.

1. 믿음을 시험하신 예수님

예수님은 가나안 여인의 믿음을 시험하셨습니다. 흉악한 귀신 들린 자신의 딸로 가나안 여인은 절망에 빠졌습니다. 이 여자는 간절하게 예수님께 간구했습니다. 그럼에도 불구하고 예수님은 무관심한 듯 보입니다. 그러나 실상은 그 여자의 믿음을 시험하신 것입니다. 주님의 시험은 우리를 겸손하게 합니다.

2. 여자의 믿음의 고백

예수님은 시험을 통해서 믿음의 고백을 듣기 원하셨습니다. 믿음의 고백은 바로 사람됨이요, 생각이요, 꿈입니다. 이러한 믿음의 고백 속에는 예수님에 대한 올바른 인식이 있어야 합니다. 예수님은 다윗의 자손, 메시야입니다. 그 후 겸손하게 주님의 도우심을 구해야 됩니다.

3. 믿음을 통한 소원의 성취

시험을 통과하면 주님은 우리의 믿음을 칭찬하시고 그 믿음으로 말미암
아 소원을 이루어 주십니다. 주님을 의심하지 않고 진심으로 믿는 자만이
참된 소망을 이룰 수 있습니다.

 어떤 상황일지라도 믿음을 가지고 끝까지 나아가면 주님은 반드시 들으시고 그
소원을 이루어 주십니다.

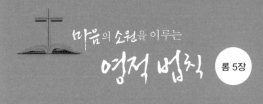

마음의 소원을 이루는
영적 법칙 롬 5장

PART 8

인내로
소망을 이루라

로마서 5:3-4

인내로 소망을 이루라

로마서 5:3-4

●

"다만 이뿐 아니라 우리가 환난 중에도 즐거워하나니 이는 환난은 인내를, 인내는 연단을, 연단은 소망을 이루는 줄 앎이로다"(롬 5:3-4).

사도 바울은 그리스도인들이 환난 가운데서 어떻게 소망을 이루어 가는지 로마서 5장 3절에서 4절을 통해 잘 설명하고 있습니다. 그것은 "환난은 인내를 이루고, 인내는 연단을 이루고, 연단은 소망을 이룬다"는 것입니다. 그 중에서도 소망을 이루는 중요한 요소가 바로 '인내'입니다.

믿음의 조상인 아브라함 또한 오래 참음으로 말미암아 하나님의 축복을 받을 수 있었습니다. 히브리서 6장 14절에서 15절은 "이르시되 내가 반드시 너에게 복 주고 복 주며 너를 번성하게 하고 번성하게 하리라 하셨더니 그가 이같이 오래 참아 약속을 받았느니라"고 말씀합니다. 하나님이 우리에게 약속하신 것을 받기 위해서는 반드시 인내로 소망을 이루어야 합니다. 신앙생활은 조급하며 서두른다고 해서 빨리 성장하지 않습니다. 모든 시간은 하나님이 정하시는 것입니다. 정하신 그때까지 참고 기다리며 주님만 바라보아야 합니다. 우리는 인내 가운데 소망을 이루어가는 이 훈련이 없이는 응답을 받을 수 없습니다.

그런데 우리가 정작 생각해 보아야 할 것이 있습니다. 세상에서 하나님을 믿지 않고도 성공한 사람들의 강연이나 이야기를 들어보면 그들도 역시 인내를 큰 덕목으로 삼고 있다는 것입니다. 대부분의 성공이야기 속에는 이러한 이야기가 들어 있습니다. 인생을 살다보면 꼭 거쳐야하는 어려움과 환난이 있는데 이러한 것들을 참아내고 이겨내었더니 자신이 원하는 바를 이루었다고 하는 것입니다. 믿는 세계와 믿지 않는 세계 모두 무언가를 이루는데 있어서 참고 인내하는 것이 필수 요소라는 점을 보여주는 대목입니다.

그러나 성도들의 인내는 믿지 않는 자들의 인내와 차원이 다릅니다. 본문의 말씀을 통해 성도들의 인내와 세상 사람들의 인내가 어떻게 다른지, 또 우리가 어떻게 인내하고 어떤 소망을 이룰 수 있는지 함께 말씀을 상고해보겠습니다.

1. 성도들의 인내

로마서 5장 3절은 "다만 이뿐 아니라 우리가 환난 중에도 즐거워하나니 이는 환난은 인내를" 이라고 말씀하고 있습니다. 성도들의 인내는 믿음의 환난과 시련 가운데에서도 즐거워하며 인내의 열매를 이루어가는 것입니다.

1) 믿음의 시련과 기뻐하는 삶

성도들은 여러 가지 환난과 시련 가운데서도 믿음으로 인내하며 즐거워하는 자들입니다. 본문에서 '즐거워하나니'로 번역된 헬라어 '카우코메싸(καυχώμεθα)'는 두 가지 의미가 있습니다. 하나는 '기뻐한다'는 것이고, 다른 하나는 '자랑한다'는 의미입니다.

그러므로 성도는 어떠한 환난 가운데서도 기가 죽거나 낙담하기는커녕 도리어 의기양양하고 기뻐하면서 자신이 가진 소망을 자랑하는 자입니다. 이것이 세상이 알지 못하는 신비입니다.

그렇다면 우리가 낙심하고 절망하는 대신 오히려 기뻐하고 자랑할 수 있는 이유는 무엇입니까? 바로 본문 말씀에 담긴 공식을 알고 있기 때문입니다. 환난이 인내를, 인내는 연단을, 연단은 소망을 이루는 줄 알기 때문에 이러한 고난의 과정을 거치면 반드시 주님은 갑절의 축복과 은혜를 주심을 믿게 되는 것입니다. 아무리 힘든 환난일지라도 그것이 하나님의 뜻을 이루기 위한 잠깐의 과정이라는 사실을 알기 때문에 우리는 긍정적인 마음과 소망을 가질 수 있습니다.

현재 우리나라는 OECD(경제협력개발기구)회원국들 가운데 자살률 1위라는 불명예스러운 기록을 가지고 있습니다. 아무것도 소망이 없는 사람들은 감당치 못할 어려움이 다가오면 낙심하여 주저앉아 버리고 맙니다. 소망이 없고, 끝이 안 보이는 것과 같은 막막한 환난의 무게가 견딜 수 없는 중압감으로 다가오면 우울증에 빠져버리고 차라리 죽음을 택하라는 사탄의 꾐에 넘어가 버리게 되는 것입니다. 그러나 예수 그리스도를 믿는 사람들은 "이 어려움을 통과하면 주님께서 좋은 일이 다가오게 만들어주신다"고 항상 말하고 믿어야 합니다. 이 고백을 입으로 담대하게 선포하십시오. 안 좋은 일이 일어나는 것을 상상으로 그리고 말하다 보면 마음이 두려움과 공포에 사로잡히게 되고 어느 순간 그것을 믿게 됩니다. 마귀는 우리를 끊임없이 유혹하고 끝내 우리를 넘어지게 합니다. 그러나 예수님을 믿는 성도들은 하나님의 약속의 말씀을 가지고 새로운 꿈을 꾸어야 합니다. 긍정적인 믿음을 가지고 그렇게 된다고 생각하고 담대하게 희망을 입으로 계속 말하면 좋은 일이 일어납니다. 자신의 마음에 생각하고 꿈꾸는 그대로 이루어짐을 알고 축복의 말을 입에 담으시기를 바랍니다.

그렇다면 우리가 가진 소망이 무엇입니까? 그것은 예수 그리스도를 믿음으로 말미암아 주어지는 소망이요, 장차 하나님의 영광에 참예하게 될 소망입니다. 우리의 소망의 근거는 예수 그리스도입니다. 우리가 예수님의 십자가 앞에 나오면 예수님은 우리의 병과 가난과 저주를 다 짊어지시고 두려움을 희망으로 바꾸어 주십니다.

유대교의 사상이나 고대의 지혜 문학도 인내와 소망이 동전의 양면처럼 붙어있습니다. 사도 바울도 유대교적인 전통적인 이해에서 크게 벗어나지 않습니다. 그러나 사도 바울이 가진 근원적인 소망의 근거는 예수 그리스도에 대한 믿음에 있습니다. 그리고 인간적 욕망의 거품이 걷힌 온전히 '하나님의 영광'을 지향하는 소망을 말합니다(롬 5:2).

그러므로 성도들의 인내는 단지 자신이 원하는 바를 이루기 위해 인내하는 불신자들의 인내와는 차원이 다른 것입니다. 요한계시록 14장 12절은 말씀합니다. "성도들의 인내가 여기 있나니 그들은 하나님의 계명과 예수에 대한 믿음을 지키는 자니라."

2) 환난을 통해 이루어지는 인내

우리는 건강을 위해서 운동을 합니다. 특히 근육을 단련시키기 위해 운동을 할 때 몸이 편안할 정도로 부담이 없고 땀도 안 나는 운동은 효과가 별로 없습니다. 적어도 일주일에 3일 이상 몸이 힘들고 피로할 정도로 운동을 해야 그 다음에 근육이 생기고 건강이 향상되는 것입니다. 인내라고 하는 근육은 환난이라고 하는 바벨을 들어야 합니다. 반드시 훈련을 거치고 어려움을 겪어야 우리 속에 그것으로 인한 인내가 생겨납니다.

본문에서 말하는 '환난'은 헬라어로 '쓸립시스(θλίψις)'는 대체로 외부적인 환경에서 오는 역경이나 고초를 가리키지만(고후 1:4; 2:4; 살전 1:6; 3:3), 마지막 임할 재난을 지칭하기 위해 사용되기도 합니다(막 13:19). 여기서 말하는 환난은 그리스도인으로서 남다른 신앙적인 명분을 실천하다가 받는 핍박의 고초를 염두에 두고 있습니다. 이를 감내하는 것은 그리스도의 고난과 죽음에 동참하는 것이라는 상징적인 의미를 가지고 있습니다.

하나님은 당신의 백성들이 인내를 통해 소망을 이루도록 적당한 환난의 어려움을 주사 우리로 하여금 인내의 근육이 생기게 하고 그것을 통해서 하나님의 뜻을 이루게 합니다.

또한 우리가 여러 가지 시험과 환난을 만나면 우리가 갖고 있었던 믿음이 드러납니다. 불평과 탄식, 원망으로 드러내는가 하면 감사와 찬송으로 믿음이 증명되기도 합니다. 그러므로 시험과 환난의 목적은 '하나님의 계명과 믿음을 지키는지, 지키지 못하는지'를 알게 하고 신앙적인 도전을 받게 하는 데에 있습니다.

나의 부족함을 깨닫게 되면 변화를 갈망하게 됩니다. 스스로의 믿음이 부족하다는 것을 알고 나면 신앙의 도전을 받아 다시 주님을 의지하면서 겸손히 기도하게 됩니다. 그렇게 새롭게 변화되고 성장하게 될 나를 기다리는 훈련을 통해서 인내의 열매가 맺히는 것입니다. 결국 인내는 나와의 싸움입니다. 신앙적인 면이든, 인격적인 면이든, 실력적인 부분이든 나의 부족하고 연약한 점이 발견될 때마다 다시 도전하고, 다시 꿈꾸고, 다시 노력하는 인고의 기다림 속에 더 나은 나의 모습을 이루어 가는 것입니다. 우리가 이 세상에 사는 100년도 안 되는 짧은 인생 동안만 하나님이 우리를 지켜보시는 것이 아닙니다. 이 세상 후에 영원한 미래를 위해서 하나님은 우리를 다듬어 가시는 것입니다. 하나님은 우리를 하나님의 뜻을 이루는 도구로 만들기 위하여 우리로 하여금 환난과 시련을 종종 통과하게 하십니다.

우리가 즐겨 먹는 꿀 한 숟가락은 꿀벌이 4천 2백 번이나 꽃을 왕복하며 얻은 것입니다. 영어사전 웹스터를 집필한 웹스터는 36년 동안 밤낮으로 이 집필 작업을 했습니다. 교향곡의 아버지 요셉 하이든은 8백 개의 작품을 작곡했는데 가장 유명한 '천지창조'라는 오라토리오는 8백 번이나 작품을 써본 후 그의 나이 66세가 되어서야 작곡한 것입니다. 미켈란젤로의 '최후의 만찬'도 8년 동안 2천 번이나 스케치해 본 결과라고 합니다.

그러므로 인내는 쓰나 그 열매는 달며, 인내와 훈련과정을 통과하지 아니하면 역작은 나올 수 없는 것입니다. 야고보서 1장 2절에서 4절은 말씀합니다. "내 형제들아 너희가 여러 가지 시험을 당하거든 온전히 기쁘게 여기라 이는 너희 믿음의 시련이 인내를 만들어 내는 줄 너희가 앎이라 인내를 온전히 이루라 이는 너희로 온전하고 구비하여 조금도 부족함이 없게 하려 함이라."

2. 예수님의 인내

예수님은 절망 가운데에서 온전히 인내를 이루신 분이십니다. 이는 본문 4절에 나오는 바와 같이 "인내는 연단을, 연단은 소망을 이루는 줄" 아셨기 때문입니다. 그리스도의 인내를 배우고 연단을 거쳐 소망의 열매를 맺으시기를 바랍니다.

1) 인내를 온전히 이루신 예수님

예수님의 인내는 만물의 창조자이신 하나님의 인내로부터 시작되었습니다. 인류의 조상 아담과 하와의 불순종으로 말미암아 들어온 사망과 죄악의 역사는 이스라엘의 죄악으로 이어졌습니다. 그러나 하나님은 이들의 죄악과 잘못 때문에 구원을 포기하지 않으셨습니다. 탕자가 돌아오기를 낮이나 밤이나 문 열고 기다리던 아버지처럼 기다리고 또 기다리셨습니다. 하나님은 오랜 시간을 인내하셨습니다.

그리고 드디어 인류의 죄와 죽음의 권세를 끊어내시기 위해 예수님이 이 땅에 찾아오셨습니다. 발 벗고 뛰어나와 탕자를 맞이하는 아버지처럼 주님이 우리를 찾아오신 것입니다.

히브리서 12장 2절은 "믿음의 주요 또 온전하게 하시는 이인 예수를 바라보자 그는 그 앞에 있는 기쁨을 위하여 십자가를 참으사 부끄러움을 개의치 아니하시더니 하나님 보좌 우편에 앉으셨느니라"라고 말씀하고 있습니다. 예수님이 십자가 고난, 모든 고통과 수치를 끝까지 참아내실 수 있었던 것은 앞에 있는 기쁨을 바라보셨기 때문입니다. '그 앞에 있는 기쁨'은 예수님 자신의 부활의 기쁨을 포함해 전 인류의 구원과 2000여 년의 세월을 넘어 우리를 바라보시고 찾아오셔서 생명을 주실 기쁨이었습니다. 온 천하 만민이 예수 그리스도의 십자가의 수고와 고통을 통하여 하나님과 원수 된 관계에서 자녀, 백성의 관계가 되어 구원받고, 치료받고, 축복받는 모습을 바라보신 것입니다. 그리고 그들이 생명을 받아 삶이 변화되는 것을 보고 기뻐하셨습니다. 예수님은 바로 우리를 바라보시고 죽음과 고통의 십자가를 인내하신 것입니다.

우리가 더 이상 아무것도 할 수 없는 절망적인 상황에 있을지라도 하나님은 우리를 절대로 포기하지 않고 구원하십니다. 하나님과 예수 그리스도의 인내를 배우시기를 바랍니다. "주께서 너희 마음을 인도하여 하나님의 사랑과 그리스도의 인내에 들어가게 하시기를 원하노라"(살후 3:5).

2) 인내를 통해 이루어지는 연단

우리의 믿음은 여러 가지 고통과 어려움을 감내할 때 연단됩니다. 도가니는 은을 연단하고 풀무는 금을 연단하거니와 야훼 하나님은 우리의 마음을 연단하시는 분입니다(잠 17:3). 운동선수들이 더 나은 실력을 갖기 위해서 자신의 신체를 부단히 단련하고 고통을 감내하듯이 우리도 인내하지 않으면 결코 연단되지 않습니다. 인내를 통해서만 마음이 단련되는 것입니다.

사도 바울은 '인내'가 '연단'을 낳는다고 말합니다. 여기서 '연단'은 헬라어로 '도키메(δοκιμή)'로 '검증받은 자질'을 뜻하거나, 나아가 이로부터 파생된 '훌륭한 덕성'이라는 의미를 포함하고 있습니다. 이것은 금을 풀무로 정련시키는 의미를 함유하고 있습니다. 그래서 연단은 새로운 피조물로 변화되는 과정이라고 할 수 있습니다. 우리는 이러한 연단을 통해 그리스도의 인내를 배우고 의의 열매를 맺게 됩니다. 히브리서 12장 11절은 "무릇 징계가 당시에는 즐거워 보이지 않고 슬퍼 보이나 후에 그로 말미암아 연단 받은 자들은 의와 평강의 열매를 맺느니라"고 말씀하고 있습니다. 그러므로 우리는 지금의 고난을 바라보지 말고 후에

올 축복을 바라보고 기뻐해야 합니다. "사랑하는 자들아 너희를 연단하려고 오는 불 시험을 이상한 일 당하는 것 같이 이상히 여기지 말고 오히려 너희가 그리스도의 고난에 참여하는 것으로 즐거워하라 이는 그의 영광을 나타내실 때에 너희로 즐거워하고 기뻐하게 하려 함이라"(벧전 4:12-13).

3. 연단을 통해 이루어지는 소망

이사야 48장 10절에서 11절은 "보라 내가 너를 연단하였으나 은처럼 하지 아니하고 너를 고난의 풀무 불에서 택하였노라 나는 나를 위하며 나를 위하여 이를 이룰 것이라 어찌 내 이름을 욕되게 하리요 내 영광을 다른 자에게 주지 아니하리라"고 말씀합니다. 하나님은 반드시 약속한 것을 이루시는 분이십니다. 그리고 하나님은 원하시는 자들을 택하시고 사랑하는 자를 반드시 연단하시고 그 바라던 것으로 갚아 주십니다.

1) 하나님 자신을 위해 이루심

하나님은 자신을 위하여 이루시는 분입니다. 무엇을 이루시느냐, 고난의 풀무 불에서 연단된 자들의 구원을 이루십니다. 하나님은 구원받을 자들을 택하시고 사랑하는 자들을 연단하시는 분이기 때문입니다. 만약 인내와 연단의 끝이 파국이요, 멸망이면 그 환난은 참으로 비참한 것이지만, 다행히도 그 연단의 끝은 소망이라고 사도 바울은 말했습니다.

이사야 48절 10절에서 11절 말씀에는 '연단된 자들을 절대로 포기하지 않겠다. 반드시 구원하고 도와주겠다' 는 하나님의 투지가 들어있습니다. 환난의 끝에, 그 절망스러운 현실의 밑바닥에 더 이상 내려갈 수 없다고 생각될 때 바닥을 치고 결국 솟아날 것입니다. 우리에게는 전능하신 사랑의 하나님이 함께 하시기에 소망을 가질 수 있습니다. 그것은 하나님의 영광을 향한 소망입니다(롬 5:2).

마귀와 사탄은 여러 가지 어려움과 환난 가운데서 우리를 넘어뜨리고 심지어 하나님의 손에서 우리를 빼앗아 가려고 합니다. 그러나 하나님은 결단코 악한 자들에게 우리를 내어주지도 않고 당신의 영광을 빼앗기지도 않는 분입니다. 하나님은 그분의 영광을 위해 연단된 자녀들을 위해 반드시 승리의 영광으로 갚아주십니다.

2) 인내로 소망을 이루는 성도

아카시아나무는 인내의 표본입니다. 척박한 돌밭, 산 중턱 낭

떠러지에서 지하 수십 미터까지 뿌리를 내립니다. 추위와 메마름에 껍질을 쩍쩍 갈라내면서 인고의 세월을 기다립니다. 드디어 화려하지는 않지만 세련된, 그 어느 꽃보다 향내 넘치는 순백색 꽃을 가지가 늘어지듯 활짝 피웁니다. 꿀벌들에게는 무궁무진한 보화 자체입니다.

아카시아나무처럼 인내를 통해 그리스도의 향기를 가득 피어내는 사람이 되십시오(고후 2:15). 착하고 좋은 마음으로 하나님의 말씀을 듣고 지키어 인내로 결실하고(눅 8:15), 소망을 이루는 복된 삶을 누리시기를 바랍니다.

자녀들에게 재산과 기업을 물려줄 때 온실의 화초처럼 자란 아이들에게 물려주면 그것을 지키고 보존하지 못합니다. 부모의 유산을 잘 물려받고 그것을 키워나가기 위해서는 반드시 엄격한 후계자 수업을 받아야 되는 것입니다.

하나님은 우리에게 하나님 아버지의 나라를 상속으로 주기 위해서 이 땅에서 후계자로서 우리를 연단시키시는 것입니다. 사탄은 환난 가운데 우리를 넘어뜨리려고 하지만 하나님은 절대로 우리를 내어주지 않습니다. 그러므로 믿음을 가지고 주님께 나아오면 주님은 반드시 자신의 영광을 위해서라도 여러분이 승리하고 응답받고 영광을 아버지께 돌리도록 만들어주시는 것입니다. 이와 같은 소망을 바라보고 끝까지 참고 인내하시기를 간구합니다.

마음의 소원을 이루는 영적 법칙 8

인내로 소망을 이루라

사도 바울은 그리스도인들이 환난 가운데서 어떻게 소망을 이루어 가는지 설명하고 있습니다. 환난은 인내를 이루고, 인내는 연단을 이루고, 연단은 소망을 이룬다는 것입니다. 소망을 이루는 중요한 요소는 바로 인내입니다.

1. 성도들의 인내

성도들은 여러 환난과 시련 가운데서도 믿음으로 인내하며 즐거워하는 자들입니다. 아무리 힘든 환난일지라도 하나님의 뜻을 이루기 위한 잠깐의 과정이기에 이겨낼 수 있습니다. 또한 환난은 우리에게 인내의 근육을 갖도록 합니다. 결국 믿음의 시련이 인내를 만들어 냅니다.

2. 예수님의 인내

예수님은 절망 가운데에서 온전히 인내를 이루신 분입니다. 주님은 우리를 위해 오랜 시간을 인내하시고 고통당하셨습니다. 인내하신 주님은 우리를 절대로 포기하지 않으시고 우리를 구원하셨습니다. 우리의 믿음도 여러 가지 고통과 어려움을 감내할 때 연단되어 집니다.

158 마음의 소원을 이루는 영적 법칙

3. 연단을 통해 이루어지는 소망

하나님은 그분의 영광을 위하여 연단된 자녀들을 반드시 승리의 영광으로 갚아주십니다. 하나님은 우리에게 하나님 나라를 주시기 위해서 우리를 연단시키는 것입니다.

 믿음의 조상들은 오래 참음으로 말미암아 하나님의 축복을 받을 수 있었습니다. 끝까지 참고 인내하시기를 바랍니다.

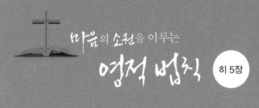

마음의 소원을 이루는
영적 법칙 히 5장

1. 예수님의 연약함과 믿음
2. 예수님의 통곡과 눈물의 간구
3. 예수님의 경건하심

PART **9**

간절히
기도하라

히브리서 5:7

간절히 기도하라

히브리서 5:7

●

"그는 육체에 계실 때에 자기를 죽음에서 능히 구원하실 이에게 심한 통곡과 눈물로 간구와 소원을 올렸고 그의 경건하심으로 말미암아 들으심을 얻었느니라"(히 5:7)

　　　예수님은 십자가의 죽음을 앞에 두고 겟세마네 동산에서 통곡과 눈물로 하나님께 기도를 드리셨습니다. 이 본문의 말씀은 예수님의 지상 생애의 가장 중요한 순간을 우리에게 소개하고 있습니다.

　　예수님은 겟세마네 동산에서 기도가 무엇이며 그리고 기도를 통해서 얻는 성도들의 승리가 무엇인지를 우리에게 보여 주셨습니다. 이 겟세마네 기도는 인류를 위한 대속적인 죽음을 결단하는 기도로 하나님에 대한 경외심의 절정을 보여줍니다.

그리고 우리는 무엇보다도 이 기도에서 예수님의 인간적인 연약함을 보게 됩니다. 여기에서 우리가 한 가지 알고 넘어가야 할 것은 예수님도 우리와 똑같은 몸을 입고 오셨다는 것입니다. 어떤 사람들은 예수님은 사람으로 오시긴 하셨지만 우리와는 체질적으로 다른 분이라고 생각합니다. 몸이 피곤해도 피곤하지 않고, 황금을 보면 돌같이 여겨지고, 마음에 어떠한 것도 시험 받지 않는 사람이어서 우리하고는 다른 분이라 생각합니다. 심지어는 십자가의 고난을 받으셨을 때 많은 시련과 어려움을 받아도 우리와는 달리 고통을 못 느끼시고 그것을 잘 넘기셨을 것이라는 생각을 해보기도 합니다. 그러나 히브리서 4장 15절은 "우리에게 있는 대제사장은 우리의 연약함을 동정하지 못하실 이가 아니요 모든 일에 우리와 똑같이 시험을 받으신 이로되 죄는 없으시니라"고 말씀합니다. 여기서 '연약함을 동정하지 못하실 이'라는 것은 우리와 똑같다는 뜻입니다. 주님은 인간의 몸을 입고 오신 동안에 육신의 연약함과 그 모든 것을 우리와 똑같이 경험하시고 체험하신 분입니다. 우리와 다른 것은 성령으로 잉태하여 동정녀 마리아에게서 태어나셔서 원죄가 없으시다는 것밖에 없습니다. 이 사실을 우리는 잊어서는 안 됩니다.

　　예수님은 죽음을 눈앞에 두셨습니다. 그 죽음은 정상적인 죽음이 아니었습니다. 인간의 육신의 몸을 가지고 온 인류의 죄를 짊어진 채 지옥의 형벌을 받으신 것입니다. 인류의 죄로 인하여 하나님께 버림을 당하고 흠 없으신 분이 죄인이 되어서 하나님께 심판을 받는 십자가의 죽음은 인간으로서는 도저히 상상할 수 없습니다. 이 막중한 정신적 압박과 심리적 고통을 예수님이 짊어지신 것입니다. 거기에 대하여 예수님은 하나님 앞에 통곡과 눈물로 그 마음의 간구와 소원을 하나님께 올려드린 것입니다.

예수님은 우리 육신의 연약함을 그대로 가지고 있었습니다. 인간의 두려움, 공포, 고통, 유혹, 시험, 배고픔, 피곤함을 우리와 똑같이 느끼셨고 고난당하실 때도 그 모든 것을 하나도 감하지 아니하셨습니다. 우리 주님은 우리가 당하는 모든 환난과 어려움을 직접 몸소 경험하셨기 때문에, 우리 인간을 사랑하시되 너무 사랑하시고, 이해하셔도 완전히 이해하실 수 있는 우리 주님이 되신 것입니다. 주님의 이 육신적 연약함이 우리에게는 오히려 한없는 희망이요, 축복이 됩니다. 여기서는 예수님이 연약한 육신의 한계를 뛰어넘어 어떻게 자기의 소원을 기도드리셨으며 또 어떻게 응답을 얻으셨는지 살펴보겠습니다.

1. 예수님의 연약함과 믿음

예수 그리스도는 이 땅에 오셨을 때 우리와 같은 연약함을 입고 계셨지만 죽음에서 구원하실 하나님을 믿고 기도드렸습니다.

본문 말씀의 상반절은 "그는 육체로 계실 때에 자기를 죽음에서 능히 구원하실 이에게"라고 말씀합니다. 예수님의 이 믿음으로 말미암아 하나님이 그 기도에 응답하신 것입니다.

1) 육신을 입으신 예수님

예수님은 전능하신 하나님으로서 온 천하 만물의 창조주로 계셨습니다. 그러나 이 땅에 오실 때 예수님은 우리와 똑같이 육신(flesh)을 입으셨습니다. 육의 몸을 입으신 전능하신 하나님, 영존하신 아버지, 평강의 왕이신 주님이 인간의 제한성에 갇혀 친히 그 모든 나약함을 체험하신 것입니다.

육신은 인간의 연약성과 피조성을 대변하는 말입니다. 연약하다는 것은 상처받기 쉬운 상태, 즉 물리적인 위협을 받으면 고통을 느끼고, 심리적으로 압박을 받는, 바람 앞에 풀 같은 존재를 말합니다. 이사야 40장 6절에서 7절은 "말하는 자의 소리여 이르되 외치라 대답하되 내가 무엇이라 외치리이까 하니 이르되 모든 육체는 풀이요 그의 모든 아름다움은 들의 꽃과 같으니 풀은 마르고 꽃이 시듦은 야훼의 기운이 그 위에 붊이라 이 백성은 실로 풀이로다"라고 말씀합니다. 예수님은 물리적으로 위협하는 세력에 맞서기에는 너무도 연약한 인간의 모습으로 사셨습니다. 그렇기 때문에 예수님은 인간으로서 큰 심리적 압박과 다가올 미래의 죽음에 대한 두려움을 기도함으로 극복하신 본보기가 됩니다.

예수님이 우리와 전혀 다른 것은 성령으로 태어나신 분으로 죄를 찾아볼 수 없다는 것입니다. 또한 예수님은 항상 하나님 아버지를 기쁘시게 하는 아들이었습니다.

예수님은 성육신 하신 동안 혈육을 가진 인간으로서 우리와 똑같은 시험을 받으셨습니다. 히브리서 4장 15절에서 16절은 "우리에게 있는 대제사장은 우리의 연약함을 동정하지 못하실 이가 아니요 모든 일에 우리와 똑같이 시험을 받으신 이로되 죄는 없으시니라 그러므로 우리는 긍휼하심을 받고 때를 따라 돕는 은혜를 얻기 위하여 은혜의 보좌 앞에 담대히 나아갈 것이니라"고 말씀합니다.

모든 일에 우리와 같이 시험과 유혹을 당하신 예수님은 우리를 완전하게 이해하십니다. 우리의 연약함이 얼마나 큰지를 주님은 몸으로 직접 느끼셨기 때문에, 우리가 환난 중에 있는 것을 보면 동정하시고 긍휼을 베풀어 주십니다. 그러므로 은혜의 보좌 앞에 당당하게 나아가기만 하면 우리의 선구자가 되시는 예수님이 모든 것을 도와주십니다.

2) 죽음에서 능히 구원하실 하나님

예수님은 죽음에서 능히 구원하실 하나님께 나아갔습니다. 우리와 똑같이 육신을 입고 연약한 가운데 계셨지만 죽음에서 능히 구원하실 수 있는 하나님께 기도하셨습니다.

십자가의 고통은 상상하기 어려운 고통입니다. 예수님은 십자가 위에서 인간이 받을 수 있는 최고의 정신적 고통, 영적 고통, 육신적 고통을 하나도 감하지 않고 그대로 다 받으셨습니다. 그 고통 앞에서 예수님은 하나님을 믿되, 철저하게 믿으신 것입니다. 처음에 주님은 피하게 해달라고 기도하셨지만 그것이 하나님 아버지의 뜻이 아닌 것을 알고 난 후에는 십자가에 몸 찢고 피 흘려 죽기로 마음에 결심하셨습니다. 그리고 능히 죽음에서 구원하실 하나님께 그 모든 고난을 이길 수 있는 힘을 주시기를 간구하고, 하나님 앞에 당신의 모든 것을 다 맡기셨습니다.

우리는 단지 '예수님을 믿기' 위해서가 아니라 '예수님처럼 믿도록' 부름을 받았습니다. 이것은 "오늘 내가 어떤 고통을 가지고 있어도 내가 하나님 아버지께 기도하면 아버지는 이 죽음의 고통에서 나를 능히 건지신다"는 믿음입니다.

예수님은 하나님의 존귀한 아들이셨지만 이 땅에 비천한 인간의 모습으로 오셔서 하나님을 믿고 순종하는 신실한 삶을 사셨습니다. 예수님의 삶은 '육신을 가진 자들이 어떻게 하나님을 믿고 살아야 하는가?'를 몸소 본보기로 보여주신 삶인 것입니다. 마가복음 14장 36절은 "이르시되 아빠 아버지여 아버지께는 모든 것이 가능하오니 이 잔을 내게서 옮기시옵소서 그러나 나의 원대로 마시옵고 아버지의 원대로 하옵소서 하시고" 라고 말씀합니다.

여기 나오는 '잔'은 '온 인류의 죄가 담겨있는 잔' 입니다. 아담으로부터 시작하여 이 세상에 장차 태어날 모든 인류의 죄악이 그 잔에 다 담겨있습니다. 예수님은 하나님 앞에 인류의 죄를 사하기 위하여 그 잔을 받으실 수밖에 없으셨습니다. 마치 구약에 제사를 드릴 때 아사셀 염소 두 마리를 가져와서 한 마리는 죄를 전가시켜서 광야에 내쫓고, 한 마리는 불로 태워 화목제로 드리는 것처럼 예수님은 우리와 하나님 사이에 화목제물이 되신 것입니다(레 16:8, 10).

잔을 받으심으로 죄를 짊어지신 예수님은 하나님 아버지께 버림을 당하게 되었습니다. 죄의 잔을 마신 예수님은 이제 인류를 대표하여 심판을 받게 되신 것입니다. 예수님이 마지막으로 하나님께 기도하실 때 "나의 하나님, 나의 하나님, 어찌하여 나를 버리셨나이까" 라고 말씀하셨습니다. 그는 인류의 죄를 담당한 죄인으로서 아버지라고 하지 못하고 하나님께 호소한 것입니다.

예수님께는 선택권이 있었습니다. 고통스러운 십자가를 거부할 수 있었음에도 불구하고 주님은 "아버지의 원대로 하옵소서" 라고 하셨습니다. 주님은 우리를 구원하시기 위해 온전히 순종하여 모든 것을 아버지의 뜻에 맡기고 그 잔을 마신 것입니다.

2. 예수님의 통곡과 눈물의 간구

본문의 중반절은 "심한 통곡과 눈물로 간구와 소원을 올렸고"라고 말씀합니다. 예수님은 십자가를 앞두고 기도하실 때 심히 고민하며 아버지 하나님께 마음의 모든 것을 토로하고 간절하게 기도하셨습니다.

1) 마음을 토로하는 기도

우리가 살다보면 때로는 믿음이 있다 해도 고통 앞에서 마음이 무너질 때가 있습니다. 예수님도 앞으로 지셔야 할 십자가의 엄청난 수치와 고통, 그 무게 앞에 심한 통곡과 눈물로 하나님께 마음을 토로하셨습니다.

본문에서 '통곡'으로 번역된 '크라우게스(κραυγῆς)'의 원형 '크라우게(κραυγή)'는 '극도의 긴장이나 고통 가운데서 마음을 쓰지 않음에도 자연스레 우러나오는 소리'를 말합니다. 더욱이 '심한'이라는 수식어가 있다는 것은 그분이 얼마나 큰 고통 가운데 있었는지를 생생하게 보여줍니다.

마태복음에서는 예수님의 심정을 이렇게 기록합니다. "내 마음이 매우 고민하여 죽게 되었으니 너희는 여기 머물러 나와 함께 깨어 있으라"(마 26:38). 예수님도 한 인간으로서 십자가의 죽음을 앞에 두고 참을 수 없는 긴장감과 두려움, 내적 혼란 가운데 하나님 아버지를 의지하며 눈물로 간구하신 것입니다.

그러므로 이와 같은 고통이 다가올 때 예수님처럼 하나님께 마음을 쏟아놓고 기도하시기 바랍니다. 주님은 우리와 똑같은 몸을 가지고 똑같은 두려움과 공포를 느끼셨으나, 아버지 앞에 마음을 쏟아놓음으로 말미암아 그 모든 정신적 어려움을 이기고 능히 승리하게 되신 것입니다.

시편 62편 8절은 "백성들아 시시로 그를 의지하고 그의 앞에 마음을 토하라 하나님은 우리의 피난처시로다"라고 말씀합니다. 어려움을 당해 마음속에 응어리가 진다면 교회에 나와 마음껏 울며 속에 있는 것을 다 쏟아놓으십시오. 고난당할 때 마음을 터놓고 울며 기도하는 것만큼 좋은 치료가 없습니다. 그리고 우리가 이렇게 솔직하고 담대하게 나아올 수 있도록 은혜를 주신 하나님께 감사하시기 바랍니다.

2) 간절한 소원을 올리는 기도

예수님이 얼마나 간절하게 기도하셨는지 누가복음에서는 이렇게 기록합니다. "예수께서 힘쓰고 애써 더욱 간절히 기도하시니 땀이 땅에 떨어지는 핏방울 같이 되더라"(눅 22:44).

누가의 증언을 볼 때, 예수님의 얼굴에 있는 모세 혈관이 터져서 피부 밖으로 나온 피가 땀방울에 섞여 땅에 떨어졌을 것이라는 추측을 가능하게 합니다. 그 정도로 예수님은 간절하게 기도하셨는데 이보다 더 간절하고 애절한 기도는 없을 것입니다.

그리고 본문에서 '소원'에 해당하는 '히케테리아(ἱκετηρία)'는 '탄원'이나 '간청'이라는 뜻으로 자신의 고통과 원통함을 탄원한다는 의미입니다. 그래서 예수님은 닥친 고통과 죽음에 대하여 "이 잔을 내게서 지나가게 하옵소서"라며 탄원과 간청의 기도를 세 번에 걸쳐서 드리셨던 것입니다(마 26:39-44). 예수님은 인류의 죄를 대속하시고 구원하시려는 하나님 아버지의 크신 뜻을 아셨고, 우리를 살리시기 위하여 십자가에 올라가려고 작정하신 희생의 기도를 드리셨습니다.

'알브레히트 뒤러(Albrecht Dürer)'라는 젊은이가 있었습니다. 그는 최고의 화가가 되는 것이 꿈이었습니다. 그는 그림을 배우기 위해 무작정 고향을 떠나 도시로 향했고, 그곳에서 같이 화가를 꿈꾸는 한 청년을 만나게 됩니다. 하지만 두 청년 모두 집안 사정이 가난해 그림 공부를 할 수 있는 형편이 못 되어서 당장 먹고살기 위해 일을 해야 했습니다. 그러던 중 친구가 뒤러에게 이와 같이 제안을 했습니다. "이렇게 살다간 우리 둘 다 화가의 꿈을 이룰 수 없네, 내가 먼저 일을 해 자네의 학비를 댈 테니 유명한 화가가 되게. 자네가 그림으로 돈을 벌기 시작하면 그땐 나의 학비를 대주도록 하게나."

뒤러는 친구에게 미안해하며 사양 했지만 친구는 거듭 자신의 생각을 주장했습니다. 결국 마지못해 제안을 받아들인 뒤러는 열심히 그림을 공부했고 친구는 온갖 고생을 해가며 돈을 벌었습니다. 마침내 뒤러는 화가가 되었고 작품을 팔아 어느 정도 돈을 벌수 있었습니다. 그래서 "이제 친구에게 미술을 공부하라고 말해야지. 그동안 나를 위해 고생을 했으니 이제는 내가 고생을 해야 해"라고 다짐을 하며 친구의 집 앞에 들어서던 뒤러는 친구의 기도를 듣게 됩니다. "주님. 이제 저의 손은 그림을 그릴 수 없을 정도로 망가졌습니다. 하지만 뒤러만큼은 꼭 훌륭한 화가가 되게 해주십시오." 친구의 간절한 기도에 뒤러는 말할 수 없는 감동을 받았고 바로 그림 도구를 가져와 친구의 기도하는 손을 그리기 시작했습니다. 훗날 이 그림은 '기도하는 손'이라는 제목으로 세계에서 가장 유명한 명화 중에 하나가 되었습니다.

친구의 기도하는 모습을 보고난 뒤러는 이런 말을 남겼습니다. "기도하는 손이 가장 깨끗한 손이요, 가장 위대한 손입니다. 기도하는 자리가 가장 큰 자리요, 가장 높은 자리입니다." 뒤러의 친구의 기도와 같이 하나님이 보시기에 아름다운 중보 기도를 드리시기 바랍니다.

3. 예수님의 경건하심

가장 좋은 기도는 경건한 삶으로 드리는 기도입니다. 본문의 하반절은 "그의 경건하심으로 말미암아 들으심을 얻었느니라"고 말씀합니다. 하나님은 참된 경건의 본을 보이신 예수님의 기도에 부활과 구원으로 응답하셨습니다.

1) 참된 경건의 모습

예수님은 겟세마네 기도를 통해 우리에게 참된 경건의 모습을 보여주십니다. '경건하심'으로 번역된 '율라베이아스(εὐλαβείας)'는 신중함, 두려움, 경외, 존경을 뜻합니다. NIV성경에서는 '경건하심'을 '숭고한 항복(reverent submission)'으로 번역했는데, 이는 예수님의 겟세마네 기도를 가장 잘 표현해 줍니다. 그러므로 예수님과 같이 나의 원대로가 아닌 하나님의 원대로 기도하고 그대로 사는 삶이 참된 경건입니다.

그러므로 기도할 때 '내 뜻'을 고집하지 마십시오. "내 뜻대로 마옵시고 아버지의 뜻대로 하옵소서"라고 기도하며 죽기까지 복종하신 예수님의 경건하심을 본받으시기 바랍니다.

2) 삶의 기도를 들으시는 하나님

예수님은 33년의 생애 동안 참된 경건을 삶으로 보여주셨습니다. 그리고 하나님은 예수님의 기도에 신실하고도 영광스러운 부활로 응답하셨습니다. 요한복음 9장 31절은 "하나님이 죄인의 말을 듣지 아니하시고 경건하여 그의 뜻대로 행하는 자의 말은 들으시는 줄을 우리가 아나이다"라고 말씀합니다.

우리의 삶은 곧 기도입니다. 우리가 하나님을 경외하고 신뢰하는 마음으로 그분의 뜻대로 행하는 삶을 살 때, 하나님은 우리의 기도를 반드시 들으시는 것입니다.

우리가 기도하기 위해 하나님 앞에 엎드릴 때마다 기억해야 할 것은 바로 예수님이 보여주신 삶과 태도입니다. 예수님은 우리와 동일한 연약함 가운데서 순종과 믿음으로 말미암아 응답을 받으셨기 때문에 예수님의 승리가 바로 우리의 승리가 될 수 있습니다.

하나님 앞에 마음을 털어놓고 눈물과 통곡으로 그 마음의 간구를 아뢰어 끝내는 영광스러운 부활의 주님으로 나타나고 인류를 구원하신 그 예수님의 기도를 생각하십시오. 힘쓰고 애쓰고 더욱 간절히 마음을 토하며 주님께 기도하여 큰 영광과 승리를 얻고 마음의 소원이 풍성하게 이루어지게 되시기를 바랍니다.

간절히 기도하라

예수님은 십자가의 죽음을 앞에 두고 겟세마네 동산에서 통곡과 눈물로 하나님께 기도를 드렸습니다. 예수님은 육신적 한계를 뛰어넘어 하나님 아버지께 기도드리고 응답을 받았습니다.

1. 예수님의 연약함과 믿음

예수님은 우리와 같이 연약하셨지만 죽음에서 구원하실 하나님을 믿고 기도드렸습니다. 그분은 하나님의 존귀한 아들이지만 이 땅에 인간의 모습으로 오셔서 하나님께 철저히 순종하셨습니다. 그리고 고통스러운 십자가조차도 하나님 아버지의 뜻에 맡기신 것입니다.

2. 예수님의 통곡과 눈물의 간구

예수님은 십자가를 앞두고 기도하실 때 심히 고민하며 하나님 아버지께 마음의 모든 것을 토로하고 간절히 기도하셨습니다. 예수님도 한 인간으로서 십자가의 죽음을 앞에 두고 참을 수 없는 긴장감과 두려움, 내적 혼란 가운데 하나님을 의지하며 눈물로 간구하셨습니다.

3. 예수님의 경건하심

하나님은 참된 경건의 본을 보이신 예수님의 기도에 부활과 구원으로 응답하셨습니다. 우리가 기도할 때마다 기억해야 할 것은 예수님이 보여주신 삶과 태도입니다. 예수님은 우리와 동일한 연약함 가운데 순종과 믿음으로 말미암아 응답을 받아 인류를 구원하신 것입니다.

 우리와 같은 연약함 가운데도 불구하고 순종과 믿음으로 말미암아 승리하신 예수님을 본받으시기 바랍니다.

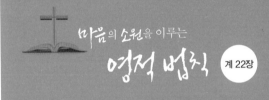

마음의 소원을 이루는
영적 법칙 계 22장

PART 10

생명의 은혜를
받으라

요한계시록 22:16-17

생명의 은혜를 받으라

요한계시록 22:16-17

●

"나 예수는 교회들을 위하여 내 사자를 보내어 이것들을 너희에게 증언하게 하였노라 나는 다윗의 뿌리요 자손이니 곧 광명한 새벽 별이라 하시더라 성령과 신부가 말씀하시기를 오라 하시는도다 듣는 자도 오라 할 것이요 목마른 자도 올 것이요 또 원하는 자는 값없이 생명 수를 받으라 하시더라"(계 22:16-17)

우리는 마음의 소원을 가질 때 무엇이 하나님의 뜻이며, 무엇이 하나님의 계획인가 하는 것을 분명히 알아야 합니다. 하나님의 계획은 종국에 우리 모두가 천국의 백성이 되는 것입니다. 그러므로 예수 그리스도를 믿는 우리는 반드시 생명의 은혜를 받아야 하며, 이를 통해 마지막 때에 하나님의 나라, 저 천국을 소원하는 삶을 살아야합니다.

마지막 때에 건짐을 받고 하나님의 뜻을 이루는 소망이야말로 우리가 이 세상 살면서 반드시 이루어야 할 소원입니다. 본문의 말씀을 통해서 생명의 은혜를 받는 방법에 대해 자세히 알아보도록 하겠습니다.

1. 다윗의 자손이며, 광명한 새벽 별인 예수 그리스도

예수님은 알파와 오메가요, 처음과 마지막이며, 시작과 마침이 되십니다(계 22:13). 또한 예수님은 다윗의 자손이며, 광명한 새벽 별이 되십니다. 본문의 16절을 보면 "나 예수는 교회들을 위하여 내 사자를 보내어 이것들을 너희에게 증언하게 하였노라 나는 다윗의 뿌리요 자손이니 곧 광명한 새벽 별이라 하시더라"고 말씀하고 있습니다. 예수님은 두 가지로 자신의 신분을 증언하고 계십니다.

1) 다윗의 자손

16절의 중반절에는 "나는 다윗의 뿌리요 자손이니"라고 기록되어 있습니다. 예수님은 당신 자신을 직접 '다윗의 자손'이라 일컬으신 것입니다. 이것은 이사야 선지자의 예언에서 비롯되고 있습니다. 이사야 11장 1절은 "이새의 줄기에서 한 싹이 나며 그

뿌리에서 한 가지가 나서 결실할 것이요"라고 말씀합니다. 이새는 다윗의 아버지인데, 예수님이 다윗의 혈통을 통해서 이 땅에 오실 것을 예언한 것입니다.

마태복음을 저술한 마태는 유대인들을 위하여 예수님의 족보를 기록해 놓았습니다. 믿음의 조상 아브라함에서 시작하여 다윗을 거쳐 그들의 조상에게 약속한 후손으로 예수님이 오신 것을 상세히 이야기해 놓은 것입니다. 그는 아브라함과 다윗의 자손으로 오신 예수님이 구약의 예언된 메시아이심을 밝혔습니다.

누가복음은 데오빌로 각하에게 쓴 누가의 글입니다. 이방인들에게 쓴 누가복음에는 예수님으로부터 시작하여 위로 올라가면서 가장 처음인 전 인류의 조상 아담과 그 위에는 하나님이 계심을 기록하였습니다. 이는 인간에게 생명을 주신 분은 근본적으로 하나님이시며, 그 하나님의 뜻을 이루기 위해 이 땅에 오셔서 전 세계 인류의 구주가 되신 분이 예수님이심을 증거 한 것입니다.

예수님이 자신을 친히 다윗의 자손이라 칭한 것은 구약 성경에서 예언된 메시아가 자신이심을 천명하기 위함입니다. 하나님의 인류 구속을 이루기 위해 오래전부터 약속하신 구약의 예언의 성취로서 예수님이 오셨다는 것입니다. 예수님은 태초에 계신 하나님의 말씀으로, 말씀이 육신을 입고 이 세상에 다윗의 가문을 통해 오셨기 때문입니다. 그러므로 이는 예수님이 바로 우리에게 생명의 은혜를 주시는 근본이 되시며 우리를 죄에서 구원하실 진정한 구원자이심을 말씀하고 있는 것입니다.

2) 광명한 새벽 별

본문 16절 후반절에서 예수님은 자신을 "광명한 새벽 별"이라고 말씀하고 있습니다. 새벽은 동트기 직전의 시간으로 하루 중 가장 어두운 시간인데 이때 뜨는 별이 새벽 별, 금성입니다. 밤하늘의 광명한 새벽 별은 긴 어두운 밤이 지나고 곧 새 날이 동터올 것을 암시합니다. 이는 곧 인류를 구원하신 예수님을 뜻하고 있습니다.

이 세상이 죄악으로 어두워지고 온 천지에 광명이 사라진 그 때 주님은 모든 사람들에게 비치는 새벽 별이 되시는 것입니다. 새벽 별이 뜨면 날이 밝아옵니다. 예수님이 오신 것은 하나님의 구원이 임하였고 마귀에게 눌려서 살던 어두움의 시대가 모두 청산되었다는 것을 우리에게 보여주시는 것입니다.

민수기 24장 17절은 "내가 그를 보아도 이 때의 일이 아니며 내가 그를 바라보아도 가까운 일이 아니로다 한 별이 야곱에게서 나오며 한 규가 이스라엘에게서 일어나서 모압을 이쪽에서 저쪽까지 쳐서 무찌르고 또 셋의 자식들을 다 멸하리로다"라고 말씀하고 있습니다.

이스라엘에서 '별'과 '규'가 나와 모압을 멸망시킨다는 이 예언은 이스라엘의 혈통을 따라 나실 메시아가 오셔서 인류를 구원한다는 뜻입니다. 여기서 말하는 '별과 규'는 다름 아닌 우리의 구원자 되시는 예수님입니다. 또한 '한 규'가 이스라엘에서 일어난다고 했는데, 여기서 '규'라고 하는 것은 왕권을 상징하는 '홀'을 부르는 말입니다. 민수기의 이 말씀은 메시아가 왕으로서 인류를 구원하시기 위해 이 세상에 오실 것을 말씀하신 것입니다.

예수님은 인류의 어두움을 물리치고 새 날을 밝게 하시는 광명한 새벽 별로 오셨습니다. 또한 그의 손에는 만왕의 왕이요, 만주의 주가 되시는 홀이 들려 있어 천하 만물을 다스리시고 통치하시는 주님이 되셨습니다. 바로 이 예수 그리스도를 주님으로 믿는 자들에게 하나님은 놀라운 은총과 사랑을 베풀어 주십니다.

18세기 독일의 경건주의의 대표자인 진젠도르프 백작(Zinzendorf)은 1719년 그의 나이 19세 때에 유럽을 여행하는 중에 한 미술품 전시회에서 무명화가 도메니코 페티가 그린 '에케 호모'를 보게 되었습니다. 이 그림의 내용은 빌라도가 예수님을 재판하면서 "이 사람을 보라(에케 호모)"고 소리치자 예수님이 말없이 고개를 떨어뜨리고 있는 모습을 그린 그림입니다. 진젠도르프가 그림 앞에 섰을 때 하나님의 놀라운 은혜가 그에게 부어졌습니다. 그가 그 그림을 바라보고 있을 때 주님의 음성이 들려왔습니다.

"나는 너를 위하여 이 일을 하였건만 너는 나를 위하여 무엇을 하느냐?"

예수님의 음성을 들은 진젠도르프는 그 후 고향인 드레스덴으로 돌아가 오로지 하나님께만 집중했습니다. 그는 백작으로서 편안하고 호화로운 삶을 누릴 수 있었으나 모든 것을 포기하고 자신의 집도 예배와 모임의 장소로 사용하였습니다. 그 때 친구들이 사회적 지위와 모든 조건을 버린 진젠도르프에게 물었습니다. "자네의 야망은 도대체 무엇인가?" 그는 "그리스도뿐, 오직 그분뿐!"이라고 대답하였습니다.

오직 그리스도만이 전부였던 진젠도르프는 그 후 모리비안 형제회를 조직해 본격적인 경건주의 운동을 전개했습니다. 그 모라비안 운동이 할레 대학과 함께 근대 선교의 불을 일으켰고 1832년 7월, 한국 최초의 선교사인 귀츨라프(Karl F. A. Gützlaff)를 우리나라 서해안으로 보냈습니다. 또한, 고아원의 아버지 조지 뮐러(George Mueller)를 회심시켜 영국으로 파송하기도 하였습니다. 다윗의 자손이시며, 광명한 새벽별 되시는 예수님의 음성을 들은 진젠도르프는 예수님만이 자신의 전부임을 고백하고 진정한 복음 전도자가 된 것입니다.

이 일화에서 볼 수 있듯이 예수님은 특별한 사람에게만 찾아가시는 것이 아닙니다. 예수님은 그 누구라도 찾아가시며 부르시고 계십니다.

2. 부르심을 받은 사람들

우리에게 생명의 은혜를 주시는 구원자 예수님은 오늘도 우리를 부르고 계십니다. 본문의 17절을 보면 "성령과 신부가 말씀하시기를 오라 하시는도다 듣는 자도 오라 할 것이요 목마른 자도 올 것이요 또 원하는 자는 값없이 생명수를 받으라 하시더라"라고 말씀하고 있습니다. 이 부르심은 온 천하 만민들을 위하여 십자가를 지신 주님이 친히 모든 사람을 초청하신 것입니다. 주님은 두 팔을 펴시고 '누구든지' 와서 값없이 생명수를 마시고 구원을 얻으라고 말씀하고 계십니다.

그러나 모든 사람들이 초청되었으나 모든 사람들이 이 초청에 응하는 것은 아닙니다. 예수님의 부르심을 받은 사람들은 듣는 자요, 목마른 자요, 원하는 자들이며, 이들이 예수님이 주시는 생명의 은혜를 받습니다.

1) 듣는 자

첫째로 예수님의 부르심에 응하여 생명의 은혜를 받기 위해서는 들을 귀가 필요합니다.

요한계시록 3장 20절부터 22절은 "볼지어다 내가 문 밖에 서서 두드리노니 누구든지 내 음성을 듣고 문을 열면 내가 그에게로 들어가 그와 더불어 먹고 그는 나와 더불어 먹으리라 이기는 그에게는 내가 내 보좌에 함께 앉게 하여 주기를 내가 이기고 아버지 보좌에 함께 앉은 것과 같이 하리라 귀 있는 자는 성령이 교회들에게 하시는 말씀을 들을지어다"라고 말씀합니다.

주님은 오늘도 문 밖에서 문을 두드리고 계십니다. 주님의 노크는 바로 우리의 복음을 전하는 입술입니다. 주님은 우리의 입술을 통해 불신자들의 마음의 문을 두드리는 것입니다. 복음의 말씀을 듣고 마음 문을 열어서 주님을 모셔드리는 사람에게는 그 축복이 임합니다. 그 축복은 예수님이 내 안에 들어오고 내가 예수님 안에 들어가서 주님은 나와 더불어 먹고, 나는 주님과 더불어 먹는 생명을 함께 나누는 운명 공동체가 되는 것입니다.

주님은 "이기는 그에게는 내가 내 보좌에 함께 앉게 하여 주기를 내가 이기고 아버지 보좌에 함께 앉은 것과 같이 하리라"고 하셨습니다(계 3:21). 마지막 이기는 자가 되어 하나님의 보좌 우편에 예수님과 함께 앉아서 함께 세상을 다스리고 통치하며, 왕 노릇하는 자리에 앉게 되는 것입니다. 이는 실로 꿈같은 이야기입니다. 이 놀라운 축복이 우리에게 주어진 것을 생각할 때 감사하지 않을 수가 없습니다. 이러므로 우리는 늘 주의 음성을 듣고 주님이 일하시는 역사를 우리의 삶 속에 깊이 체험해야 합니다.

예수님과의 깊은 교제와 사귐, 더 나아가 예수님이 주시는 생명의 은혜인 진정한 구원은 주님의 음성을 듣고 믿음으로 응하여

야 이루어집니다. 우리가 성령님을 항상 의지해야 하는 것은 성령님이 예수님을 증언해주시는 분이시며, 하나님께 들은 것을 우리에게 말하여 주셔서 우리의 삶을 인도해주시는 분이시기 때문입니다(요 15:26). 또한 성령님은 우리에게 진리를 깨닫게 하시고 들을 것을 듣게 하시며 장래 일을 알게 해주십니다(요 16:13). 우리가 전적으로 성령님을 의지할 때, 우리는 생명을 주시는 주님의 음성을 듣고 복된 성도로서 이 땅에 힘 있게 살게 될 것입니다.

2) 목마른 자

두 번째로 예수님의 부르심에 응하여 생명의 은혜를 받는 자는 목마른 자입니다. 요한복음 7장 37절은 "명절 끝날 곧 큰 날에 예수께서 서서 외쳐 이르시되 누구든지 목마르거든 내게로 와서 마시라"라고 말씀합니다.

예수님은 목마른 자들을 초청하고 계십니다. 예수님이 주시는 물은 영원히 목마르지 않는 영생하도록 솟아나는 샘물입니다(요 4:14). 이는 예수님의 생명수로 말미암아 예수님의 초청에 응하는 모든 사람들에게 주어집니다. 이러한 자들에게 예수님은 구원을 허락하시고 하나님의 자녀가 되어, 세상이 줄 수 없는 기쁨과 평안을 주십니다.

주님을 향하여 목마른 자들이 진정 복 있는 사람들입니다. 목말라서 갈증을 느끼고 시원한 생수를 마시려는 갈급함을 가지고 있는 사람들이 바로 주님이 주시는 생명의 샘물을 마시게 됩니다. 배부른 사람은 하나님의 은혜를 받을 수 없습니다. 하나님의 은혜에 대하여 목말라 있을 때 주님은 그 목마른 자에게 생명수를 주십니다.

3) 원하는 자

세 번째로 예수님의 부르심에 응하여 생명의 은혜를 받는 자는 원하는 자입니다. '원하는 자'는 영원한 생명을 간곡히 사모합니다. 요한복음 4장 10절은 "예수께서 대답하여 이르시되 네가 만일 하나님의 선물과 또 네게 물 좀 달라 하는 이가 누구인 줄 알았더라면 네가 그에게 구하였을 것이요 그가 생수를 네게 주었으리라"고 말씀합니다. 아무리 하나님의 선물과 생명의 은혜가 있다 하더라도 그것을 원하고 구하지 않는다면 자신의 것이 되지 못합니다.

예수님은 요한복음 16장 24절에서 "지금까지는 너희가 내 이름으로 아무 것도 구하지 아니하였으나 구하라 그리하면 받으리니 너희 기쁨이 충만하리라"고 말씀하셨습니다. 예수님은 당신을 간절하게 찾는 자들에게 기쁨과 생명의 은혜를 주십니다.

3. 생명수를 받으라

본문의 17절 후반절을 보면 "값없이 생명수를 받으라 하시더라"고 말씀하고 있습니다. 여기서 '생명수'라 함은 새 예루살렘(천국)에 흐르는 생명수의 강을 말합니다.

1) 생명수의 복

생명수의 복은 새 예루살렘에서 예수님과 영원히 함께 사는 것입니다. 다시 말해 진정한 구원입니다. 이 축복이 바로 주님이 우리에게 주시는 궁극적인 생명의 은총인 것입니다. 주님은 하나님의 나라, 천국을 소망하는 사람들에게 값없이 이 은혜를 주시겠다고 말씀하셨습니다.

예수 그리스도를 믿는 우리의 진정한 소원은 생명수의 복을 받는 것이어야 합니다. 이를 통해 마지막 때에 예수 그리스도의 생명의 은혜를 받아 하나님의 나라, 곧 천국을 소원하는 삶을 살아야겠습니다.

2) 값없이 주시는 은혜

본문 17절에서 "값없이 받으라"는 것은 예수님의 대속사역을 말씀하고 있습니다. 예수님은 우리를 속죄하시기 위하여 죽기까지 희생하셨습니다. 그로 말미암아 우리는 대속의 은혜를 받을 수 있게 되었습니다. 이제는 예수님을 믿기만 하면 구원을 받을 수 있습니다. 예수님은 우리의 죄를 사하시기 위하여 모든 값을 치러 주셨기 때문에 이제 값없이 주시는 은혜를 얻게 되었습니다.

이사야 55장 1절은 "오호라 너희 모든 목마른 자들아 물로 나아오라 돈 없는 자도 오라 너희는 와서 사 먹되 돈 없이, 값 없이 와서 포도주와 젖을 사라"고 말씀합니다. 또 요한계시록 21장 6절은 "또 내게 말씀하시되 이루었도다 나는 알파와 오메가요 처음과 마지막이라 내가 생명수 샘물을 목마른 자에게 값없이 주리니"라고 말씀합니다.

하나님이 친히 사람이 되셔서 우리를 위하여 죽으시고 부활하신 십자가의 은혜는 너무 커서 돈으로 환산할 수가 없습니다. 이 큰 은혜를 갚을 수 있는 사람이 한 사람도 없기 때문에 하나님은 예수님을 우리에게 선물로 값없이 주셨습니다. 인류 역사상 최고의 복을 받은 사람이 바로 은혜의 시대에 사는 우리들입니다.

주님은 먼저 생명수의 은혜를 받은 우리들이 부르심을 듣지 못한 이들에게 하나님의 구원의 초청을 전달하는 메신저가 되기를 원합니다. 우리가 그들을 초청하는 소리가 되어 먼저 받은 그 사랑과 생명을 전해 달라고 부탁하시는 것입니다. 그러므로 우리는 사람들에게 예수 그리스도가 우리의 죄를 담당하시고 우리의 구원이 되셨다는 이 복음의 메시지를 계속해서 들려줘야 합니다. 듣지 못하고 어찌 믿겠으며, 전하는 자가 없이 어떻게 들을 수가 있겠습니까? 누군가가 전해 주어야 듣고 초청을 받아서 응답을 하게 되는 것입니다.

복음을 듣고 그 은혜를 받아 이것을 남에게 증거 할 사명을 가진 사람들이 주님의 초청의 음성을 게으름과 부끄러움으로 인하여 다른 사람에게 전하지 않는다면 성경은 그 생명을 우리 손에서 취하겠다고 말씀하셨습니다. 바울도 말하기를 "내가 복음을 전할지라도 자랑할 것이 없음은 내가 부득불 할 일임이라 만일 복음을 전하지 아니하면 내게 화가 있을 것임이로다"라고 했습니다(고전 9:16). 하나님은 우리가 간절히 복음을 증거하기를 원하시며, 이 복음 증거의 사명을 맡은 우리에게 말씀으로 크게 경고하고 계십니다.

그러므로 사랑하는 성도 여러분, 예수님이 값없이 주신 생명의 은혜를 받으십시오. 이미 받으셨다면 이제는 그 은혜를 전하십시오. 값없이 주신 은혜, 값없이 전하여 많은 영혼을 주님께 인도하십시오. 그러할 때 하나님의 나라가 여러분에게 임하실 것입니다.

마음의 소원을 이루는 영적 법칙 10

생명의 은혜를 받으라

예수 그리스도를 믿는 자들은 반드시 생명의 은혜를 받아야 하며, 이를 통해 저 천국을 소원하는 삶을 살아야 합니다. 마지막 때에 건짐을 받고 하나님의 뜻을 이루는 소망이야말로 우리가 이 세상을 살면서 반드시 이루어야 할 소원입니다.

1. 다윗의 자손이며, 광명한 새벽 별인 예수 그리스도

예수님이 자신을 다윗의 자손이라 하신 것은 구약성경에서 예언된 메시야가 바로 자신이심을 말씀하신 것입니다. 그리고 광명한 새벽 별은 곧 인류를 구원하신 예수님을 뜻하고 있습니다. 예수님은 인류의 어두움을 물리치고 새 날을 밝게 하시는 광명한 새벽 별로 오셨습니다.

2. 부르심을 받은 사람들

예수님이 부르시는 자들은 듣는 자들, 목마른 자들, 원하는 자들이며, 이들이 예수님이 주시는 생명의 은혜를 받습니다. 이들은 주님의 음성을 듣고 믿음으로 순종하는 자이며, 하나님의 은혜에 목마른 자이고, 생명을 간곡히 사모하는 자입니다.

3. 생명수를 받으라

생명수는 새 예루살렘인 천국에서 흐르는 생명수의 강을 말합니다. 이것은 예수님과 영원히 함께 사는 것입니다. 이 축복은 주님께서 우리에게 주시는 궁극적인 생명의 은총입니다. 예수님이 우리의 죄를 사하셨기에 이제 값없이 주시는 은혜를 얻게 되었습니다.

 예수님이 값없이 주시는 생명의 은혜를 받고 전하시기 바랍니다.

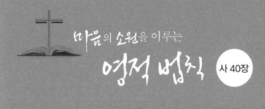

마음의 소원을 이루는

영적 법칙 사 40장

1. 새 힘을 얻으려면 하나님을 바르게 알아야 합니다
2. 새 힘을 얻으려면 하나님을 앙망해야 합니다
3. 새 힘을 얻으면 새 일이 시작됩니다

PART **11**

하나님을
앙망하라

이사야 40:27-31

하나님을 앙망하라

이사야 40:27-31

●

"야곱아 어찌하여 네가 말하며 이스라엘아 네가 이르기를 내 길은 야훼께 숨겨졌으며 내 송사는 내 하나님에게서 벗어난다 하느냐 너는 알지 못하였느냐 듣지 못하였느냐 영원하신 하나님 야훼, 땅 끝까지 창조하신 이는 피곤하지 않으시며 곤비하지 않으시며 명철이 한이 없으시며 피곤한 자에게는 능력을 주시며 무능한 자에게는 힘을 더하시나니 소년이라도 피곤하며 곤비하며 장정이라도 넘어지며 쓰러지되 오직 야훼를 앙망하는 자는 새 힘을 얻으리니 독수리가 날개치며 올라감 같을 것이요 달음박질하여도 곤비하지 아니하겠고 걸어가도 피곤하지 아니하리로다"(사 40:27-31).

마음에 새로운 소원이 생기면 새로운 힘도 생깁니다. 그러나 그 소원이 더디 이루어지게 되면 어느덧 힘은 빠지고 의욕은 사라지게 됩니다. 그래서 잠언 13장 12절은 "소망이 더디 이루어지면 그것이 마음을 상하게 하거니와 소원이 이루어지는 것은 곧 생명 나무니라"라고 말씀하고 있는 것입니다.

한때 연애, 결혼, 출산을 포기한 3포 세대라는 말이 유행했었습니다. 그런데 이제는 내 집과 인간관계까지 포기한 5포 세대를 지나 꿈과 희망, 그리고 모든 삶의 가치를 포기한 N포 세대라는 말까지 등장하였습니다. 게다가 신앙까지도 포기하는 이들이 늘고 있어서 너무나 안타까운 일입니다. 마음에 소원이 사라지고 삶의 의욕 또한 잃고 살아가고 있는 것입니다.

그런데 젊은이들만 그러한 것이 아닙니다. 어린아이들은 어린아이들대로, 중장년층은 중장년층대로, 노년층은 노년층대로 삶에 대한 희망을 잃고 살아가는 이들이 많습니다.

이러한 모습은 마치 낯선 땅에 포로로 끌려와 바벨론의 여러 강가에서 비탄과 탄식에 젖어 살던 이스라엘 자손들의 모습과 같습니다. 그들은 이전까지는 상상도 못했던 처참한 일들을 경험했습니다. 절대로 망하지 않을 것이라고 생각했던 나라가 망했고, 절대로 훼파되지 않을 것이라고 확신했던 성전이 훼파되었습니다. 또한 그들은 혈육들의 비참한 죽음을 직접 목격했고, 포로가 되어 먼 사막 길을 끌려와야 했습니다. 그러니 이들에게는 아무런 희망이 없었습니다. 과거에 그들의 조상들에게 나타나셔서 역사하셨던 하나님은 이제 그들을 잊어버리신 것 같았고, 바벨론은 하나님의 힘으로는 어찌 할 수 없을 만큼 커다란 벽 같았습니다.

그러나 하나님은 이사야 선지자를 통하여 "너희의 생각이 틀렸다. 나는 여전히 너희에게 관심이 많고, 내가 할 수 없는 것은 없다"라고 말씀하십니다. 그러면서 하나님은 이사야 선지자를 통하여 이스라엘 백성들에게 소망을 주셨습니다. 그리고 그 소망을 이룰 수 있는 새 힘을 약속하셨습니다.

1. 새 힘을 얻으려면 하나님을 바르게 알아야 합니다

이스라엘이 죄 가운데 실패를 향하여 달려가고 있을 때 하나님은 선지자들을 보내서서 경고하셨습니다. 호세아 4장 6절을 보면 "내 백성이 지식이 없으므로 망하는도다 네가 지식을 버렸으니 나도 너를 버려 내 제사장이 되지 못하게 할 것이요 네가 네 하나님의 율법을 잊었으니 나도 네 자녀들을 잊어버리리라"라고 말씀하고 있습니다.

그런데도 이스라엘 자손들은 하나님에 대하여 바르게 알지 못해서 실패했습니다. 그리고 지금은 나라가 망하고 포로로 끌려온 이후에도 여전히 하나님에 대해서 바르게 알지 못했습니다. 그래서 그들은 여전히 절망에 사로잡혀 있었습니다. 그러므로 새 힘을 얻으려면 먼저 하나님을 바르게 알아야 합니다.

1) 하나님에 대한 이스라엘 자손들의 오해

이스라엘 자손들은 하나님에 대하여 오해하고 있었습니다. 성경은 "야곱아 어찌하여 네가 말하며 이스라엘아 네가 이르기를 내 길은 야훼께 숨겨졌으며 내 송사는 내 하나님에게서 벗어난다 하느냐" 라고 말씀합니다(27절).

이스라엘 자손들은 그들이 당하고 있는 고통으로 인해 하나님께 불평했습니다. 그리고 하나님을 의심하고 있었습니다. "내 길은 야훼께 숨겨졌으며"라는 것은 고통 가운데 있는 자신의 삶을 하나님이 외면하고 계신다는 뜻입니다. 그리고 "내 송사는 내 하나님에게서 벗어난다"는 것은 이방 땅에서 그들이 법의 보호를 받지 못하는 약자의 처지임을 의미합니다. 그리고 비록 자신들이 하나님 앞에서 죄를 짓기는 했지만 지금 그것보다 몇 배나 더 가혹한 처벌을 받는 부당한 처지에 놓여 있음을 의미합니다.

또한 28절에 기록된 내용을 바탕으로 유추해 보면 그들은 하나님이 지쳐있거나 현 상황을 바꿀만한 능력이 없다고 생각했습니다.

당시 이방 사람들은 신은 인간적인 약점을 갖고 있기도 하고, 일어나고 있는 사건에 무관심하거나 그에 대해 전혀 알지 못하는 경우도 있다고 생각했습니다. 그래서 그들의 신화를 보면 신들이 서로 속고 속이는 일들이 나오기도 합니다. 또한 신들은 음식과

물, 거처가 계속 필요했습니다. 그리고 사실 이방인들은 인간이 신들이 하고 싶지 않은 고된 일을 대신 하기 위해 창조된 존재라고 생각했습니다. 이스라엘 자손들은 이방인들과 함께 어울려 살면서 자연스럽게 그들의 영향을 받게 되었던 것입니다. 이스라엘 자손들은 성경에 계시된 하나님이 아니라 자신들의 경험과 생각에 갇힌 하나님, 이방인의 시각으로 본 하나님에 대해서 알고 있었던 것입니다.

2) 성경에 계시된 하나님의 모습

그러나 이사야 선지자는 이스라엘 자손들이 틀렸다고 말합니다. 그리고 이방 사람들의 생각도 틀렸다고 말합니다. 그러면서 하나님에 대한 바른 지식을 전달합니다.

본문에서 '영원하신 하나님 야훼'라고 한 이유는 하나님은 시간에 제한을 받지 않는 영원한 분이시며, 스스로 계신 분이시기 때문입니다.

'땅 끝까지 창조하신 이'라는 것은 하나님은 땅의 이 끝에서 저 끝까지 온 천지를 창조하신 분으로 모든 것이 하나님의 주권 아래 있다는 것을 뜻합니다.

'피곤하지 않으시며 곤비하지 않으시며'라는 말씀은 하나님은 혼자서 온 세상을 창조하셨고 다스리시지만 피곤하여 지치지 않으시며, 이스라엘 자손들의 수많은 범죄에도 불구하고 지치거나 좌절하지 아니하신다는 것을 의미합니다.

'명철이 한이 없으시며' 라는 말씀은 하나님의 계획은 인간의 생각을 초월하며, 모든 것을 하나님의 명철을 따라 섭리 가운데 다스리신다는 것을 말합니다.

이사야 선지자는 이러한 하나님이 약하고 무능한 이스라엘 자손들에게 깊은 관심을 가지고 역사하신다고 말씀하고 있습니다. "피곤한 자에게는 능력을 주시며 무능한 자에게는 힘을 더하시나니"(사 40:29). 하나님은 무능하고 지쳐있는 이스라엘 자손들에게 힘을 주시고 능력을 주시는 것입니다.

하나님은 우리에게도 깊은 관심을 가지고 계시고 우리를 도와주십니다. 예수님은 마태복음 10장 29절로부터 31절에서 "참새 두 마리가 한 앗사리온에 팔리지 않느냐 그러나 너희 아버지께서 허락하지 아니하시면 그 하나도 땅에 떨어지지 아니하리라 너희에게는 머리털까지 다 세신 바 되었나니 두려워하지 말라 너희는 많은 참새보다 귀하니라"고 말씀하셨습니다. 그러므로 우리는 성경을 통하여 하나님에 대해 바르게 깨닫고 새로운 힘과 소망을 얻을 수 있습니다.

하나님은 여전히 이스라엘 자손을 사랑하시고 그들에게 깊은 관심을 가지고 계시고 모든 것을 하나님의 섭리 가운데 이끌고 계시는데 이스라엘 자손은 그것을 알지 못하여 낙심하고 절망했던 것입니다. 그러므로 새 힘을 얻으려면 먼저 하나님을 바르게 아시기 바랍니다.

2. 새 힘을 얻으려면 하나님을 앙망해야 합니다

두 번째로 새 힘을 얻으려면 하나님을 앙망해야 합니다. 우리는 하나님에 대하여 아는 것에서 멈추어서는 안 됩니다. 삶으로 나타내야 합니다. 하나님이 행하실 일들을 알았다면 이제 하나님을 앙망해야 하는 것입니다.

시편 62편 5절로부터 6절은 "나의 영혼아 잠잠히 하나님만 바라라 무릇 나의 소망이 그로부터 나오는도다 오직 그만이 나의 반석이시요 나의 구원이시요 나의 요새이시니 내가 흔들리지 아니하리로다"라고 말씀합니다. 하나님이 우리의 반석, 구원, 요새이시기에 하나님께 소망을 두고 하나님이 행하실 일들을 기대해야 하는 것입니다.

1) 하나님을 앙망하는 것의 의미

"앙망하다"는 말은 히브리어로 '카와(קוה)'입니다. 이 말은 참을성 있게 기다리는 것, 혹은 위를 쳐다보면서 소망을 갖는 것을 의미합니다. 그리고 성경을 보면 '어두운 밤이 광명을 바랄 때', '하루 종일 노동한 품꾼이 품삯을 바랄 때', '고난 가운데서 하나님의 도우심을 바랄 때' 등에 사용되었습니다.

그러므로 본문에서 "오직 야훼를 앙망하는" 것은 중도에 포기하지 않고 인내하며 꾸준히 기다리는 것을 의미하고 있는 것입니다. 그리고 '기다림'은 믿음과 따로 떨어뜨려서 생각할 수 없습니다. 우리에게 하나님을 아는 지식이 있어서 하나님에 대한 믿음이 있다면 하나님이 행하실 일을 기대하며 기다릴 수밖에 없는 것입니다.

또한 하나님께 자신의 소원을 아뢰며 기도하게 됩니다. 예레미야 33장 2절에서 3절을 보면 "일을 행하시는 야훼, 그것을 만들며 성취하시는 야훼, 그의 이름을 야훼라 하는 이가 이와 같이 이르시도다 너는 내게 부르짖으라 내가 네게 응답하겠고 네가 알지 못하는 크고 은밀한 일을 네게 보이리라"라고 말씀하고 있습니다. 하나님은 약속을 주시는 분이시며, 그것을 이루어 성취하시는 분이십니다.

그러므로 하나님으로부터 오는 새 힘을 기대한다면 하나님을 앙망해야 합니다. 하나님이 행하실 일을 기대하며 진중하게 기다려야 하며, 하나님께 기도해야 합니다. 그러면 하나님은 그에게 약속을 주시고, 소망을 갖게 하시며, 인내할 수 있는 힘과 감당할 수 있는 능력을 주십니다.

2) 하나님을 앙망하는 그리스도인의 삶의 모습

그럼 하나님을 앙망하는 그리스도인의 삶은 어떠해야 할까요?

첫 번째로, 우리의 관심을 수평적인 것(이 세상의 것)에만 두지 아니하고 수직적인 것(하나님)에 두어야 합니다. 이 세상 것만 바라보다가 넘어졌다면, 일으켜 주시는 하나님을 바라보고 하나님의 손을 붙잡아야 하는 것입니다. 땅의 것만 바라보면 좌절하고 낙망할 수밖에 없습니다. 그러나 하나님께 관심을 두면 소망이 보입니다.

두 번째로, 늘 하나님을 생각하고, 하나님께 예배를 드리며, 하나님이 역사하시기를 기다리며 기도해야 합니다. 세상일에만 분주하다가 넘어졌다면, 이제 예배의 자리로 나와야 합니다. 내 힘과 지혜만 의지하다가 실패했다면, 이제 하나님의 도움과 지혜를 구하는 기도를 해야 합니다.

어쩌면 세상 사람들이 봤을 때는 하나님을 앙망한다는 것은 무척 소극적이며 대책 없어 보일지도 모릅니다. 그렇지만 인생의 주관자가 하나님이시고, 우리는 하나님이 세상의 모든 것을 주관하시는 것을 믿기에 하나님께 소망을 두고 살아가야 합니다. 그러할 때 하나님은 우리를 통하여 하나님의 살아계심을 나타내십니다.

3. 새 힘을 얻으면 새 일이 시작됩니다

성경을 보면 "소년이라도 피곤하며 곤비하며 장정이라도 넘어지며 쓰러지되"라고 말씀합니다. 여기서 "소년"은 히브리어로 '나아르(נער)'인데, 유년기에서 청년기까지의 나이에 해당하는 젊은 남자입니다. 이 시기는 인생 중에 힘이 가장 왕성한 시기이며, 피곤함을 모른다고 할 만큼 에너지가 넘치는 때입니다. 그러나 우리 자녀들을 보시면 아시겠지만 소년이라도 피곤하며 곤비할 때가 있습니다. 또한 "장정"은 히브리어로 '바후림(בחורים)'인데, 이는 '선발된 자'를 의미합니다. 특수한 일을 위하여 따로 선발된 사람들이라고 할지라도 넘어지며 쓰러질 수 있는 것입니다. 그러나 성경은 젊은이라도 지치고, 특수 요원이라도 넘어지는 상황이 온다고 해도 야훼 하나님을 앙망하게 되면 새 힘을 얻게 된다고 말씀합니다. 그리고 새 힘을 얻으면 새 일이 시작됩니다.

1) 하나님이 주시는 새 힘과 능력

하나님은 명철이 한이 없으십니다. 그리고 구하는 자에게 지혜를 주신다고 말씀합니다. "너희 중에 누구든지 지혜가 부족하거든 모든 사람에게 후히 주시고 꾸짖지 아니하시는 하나님께 구하라 그리하면 주시리라"(약 1:5).

또한 하나님은 하나님을 경외하는 사람에게 독수리가 날개치며 올라감 같게 하실 것이라고 말씀하십니다. 독수리는 몸집이 몹시 큰 새입니다. 그런데도 하늘 높이 납니다. 이것은 독수리가 공기의 흐름을 타고 올라가기 때문입니다. 땅에서 올라오는 상승 온난 기류를 이용하는 것입니다. 만약 독수리가 자신의 날개 짓으로만 날려고 했다면 하늘 높이 날수는 없을 것입니다. 우리의 신앙도 이와 같습니다. 내 힘이 아니라 하나님을 의지할 때 창공을 비행할 수 있는 것입니다. 그래서 시편 37편 5절에서 6절은 "네 길을 야훼께 맡기라 그를 의지하면 그가 이루시고 네 의를 빛 같이 나타내시며 네 공의를 정오의 빛 같이 하시리로다"라고 말씀합니다. 하나님께 맡기고 하나님을 의지하면 하나님이 이루시고 높이시는 것입니다.

2) 하나님의 긍휼에서 시작되는 새 일

하나님은 피곤한자를 무시하지 아니하십니다. 그리고 무능한 자라고 멸시하지 아니하십니다. 성경은 하나님은 "피곤한 자에게는 능력을 주시며 무능한 자에게는 힘을 더하시나니"라고 말씀합니다(29절). 사랑의 하나님이 우리를 긍휼히 여기시는 것입니다.

그래서 우리에게 새 삶을 주시기 위하여 예수님이 이 땅에 오셨습니다. 이사야 선지자는 예수님에 대하여 "상한 갈대를 꺾지 아니하며 꺼져가는 등불을 끄지 아니하고 진실로 정의를 시행할 것이며"라고 예언했습니다(사 42:3). 예수님은 죄인이라고 멸시하지 않으시고 오히려 그 죄인을 구원하시기 위하여 이 땅에 오셨던 것입니다. 그리고 십자가 대속의 은혜로 새 삶을 주셨습니다. 그래서 성경은 "그런즉 누구든지 그리스도 안에 있으면 새로운 피조물이라 이전 것은 지나갔으니 보라 새 것이 되었도다"라고 말씀합니다(고후 5:17).

하나님은 죄인에게 찾아오셔서 용서하시고 새 삶을 주십니다. 또한 인생을 살다가 지쳤을 때 찾아오셔서 능력을 주십니다. 그리고 무능하다고 한탄하는 자에게 찾아오셔서 힘을 주십니다. 우리를 긍휼히 여기시는 하나님은 우리에게 찾아오셔서 새 일을 행하시고 새 삶을 주시는 것입니다.

스펄전(Charles H. Spurgeon) 목사님이 목회하면서 어려운 때가 있었습니다. 힘이 드는 일을 당하여 낙심하고 있을 때 교인의 집을 심방하게 됩니다. 담이 있는 마당에 소가 있었습니다. 그런데 담에 갇힌 소는 고개를 쳐들고, 멀리 초원을 바라보고 서 있었습니다.

스펄전 목사님이 주인에게 물었습니다.

"저 소는 왜 저렇게 고개를 쳐들고 있습니까?"

주인이 대답합니다.

"초원의 풀을 먹고 싶은데 담을 넘어갈 수 없으니, 주인이 문을 열어주기만 기다리며 바라보고 있는 것입니다."

스펄전 목사님은 그 때에 깨닫습니다.

"환경 때문에 일이 막히고, 사람 때문에 막혀있는 시간들이야말로, 고개를 들고 하나님이 예비해 놓으신 더 좋은 것들을 바라볼 시간이로구나!…"

모든 것이 막혔다 싶을 그 때는 바로 하나님만을 바라보아야 할 때입니다.

풍랑이 이는 바다 위를 예수님이 걸어오셨을 때, 베드로는 예수님을 바라보며 물 위를 걸을 수 있었습니다. 그러나 출렁이는 바다를 보았을 때, 그는 물에 빠져버리고 말았습니다. 하나님을 앙망한다는 것은 시선을 하나님께 고정하는 것입니다. 매순간 환경이 아니라 하나님을 바라볼 때 용기를 잃지 않고 새 힘을 얻을 수 있습니다. 그러므로 마음의 소원을 이루기 원한다면 먼저 하나님의 말씀으로 마음을 새롭게 하시기 바랍니다. 그리고 오직 야훼 하나님을 앙망하시기 바랍니다. 그러면 새 힘을 얻게 될 것입니다. 그리고 새 일이 시작될 것입니다.

마음의 소원을 이루는 영적 법칙 11

하나님을 앙망하라

마음에 새로운 소원이 생기면 새로운 힘도 생깁니다. 그러나 그 소원이 더디 이루어지게 되면 어느덧 힘은 빠지고 의욕은 사라지게 됩니다. 그러나 하나님을 앙망하는 사람은 새 힘을 얻게 될 것입니다.

1. 새 힘을 얻으려면 하나님을 바르게 알아야 합니다

이스라엘 자손들은 하나님에 대하여 바르게 알지 못해서 실패했습니다. 그리고 절망에 빠지게 되었습니다. 그러므로 우리는 성경을 통하여 하나님에 대해 바르게 알아야 합니다. 그러면 새로운 힘과 소망을 얻게 되고, 절망에 빠지지 않게 되며, 승리하게 됩니다.

2. 새 힘을 얻으려면 하나님을 앙망해야 합니다

우리는 하나님에 대하여 아는 것에서 멈추어서는 안 됩니다. 성경을 통하여 하나님이 행하실 일들을 알았다면 이제 하나님을 앙망해야 합니다. 그리고 하나님을 앙망한다는 것은 중도에 포기하지 않고 인내하며 꾸준히 기다리는 것입니다.

3. 새 힘을 얻으면 새 일이 시작됩니다

젊은이라도 지치고, 특수 훈련을 받은 군사라도 넘어지는 상황이 올 때에도 하나님을 앙망하게 되면 새 힘을 얻게 됩니다. 그리고 새 힘을 얻으면 새 일이 시작됩니다.

 매순간 환경이 아니라 하나님을 바라보아야 합니다. 하나님을 향하여 시선을 고정할 때 우리는 용기를 잃지 않고 새 힘을 얻을 수 있습니다.

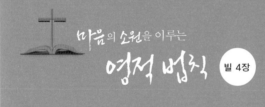

마음의 소원을 이루는
영적 법칙 빌 4장

1. 자족하는 능력
2. 문제 해결의 능력
3. 다른 사람을 돕는 능력

PART 12

그리스도의
능력을
의지하라

빌립보서 4:10-20

그리스도의 능력을 의지하라

빌립보서 4:10-20

"내가 주 안에서 크게 기뻐함은 너희가 나를 생각하던 것이 이제 다시 싹이 남이니 너희가 또한 이를 위하여 생각은 하였으나 기회가 없었느니라 내가 궁핍하므로 말하는 것이 아니니라 어떠한 형편에든지 나는 자족하기를 배웠노니 나는 비천에 처할 줄도 알고 풍부에 처할 줄도 알아 모든 일 곧 배부름과 배고픔과 풍부와 궁핍에도 처할 줄 아는 일체의 비결을 배웠노라 내게 능력 주시는 자 안에서 내가 모든 것을 할 수 있느니라 그러나 너희가 내 괴로움에 함께 참여하였으니 잘하였도다 빌립보 사람들아 너희도 알거니와 복음의 시초에 내가 마게도냐를 떠날 때에 주고 받는 내 일에 참여한 교회가 너희 외에 아무도 없었느니라 데살로니가에 있을 때에도 너희가 한 번뿐 아니라 두 번이나 나의 쓸 것을 보내었도다 내가 선물을 구함이 아니요 오직 너희에게 유익하도록 풍성한 열매를 구함이라 내게는 모든 것이 있고 또 풍부한지라 에바브로디도 편에 너희가 준 것을 받으므로 내가 풍족하니 이는 받으실 만한 향기로운 제물이요 하나님을 기쁘시게 한 것이라 나의 하나님이 그리스도 예수 안에서 영광 가운데 그 풍성한 대로 너희 모든 쓸 것을 채우시리라 하나님 곧 우리 아버지께 세세 무궁하도록 영광을 돌릴지어다 아멘"(빌 4:10-20)

집에 누가 들어와 사느냐는 참으로 중요합니다. 집에 사는 사람에 따라서 그 집이 달라지기 때문입니다. 교회도 마찬

가지입니다. 교회의 수준은 교회의 성도들이 어떤 사람이냐에 달려 있습니다. 건강하고 좋은 교회가 되기 위해서는 건물이 멋지고 좋아서가 아니라 그곳에 모여 있는 성도들이 좋은 사람이어야 좋은 교회가 되고, 성령님이 역사하셔야 좋은 교회가 됩니다.

예수님을 믿기 이전의 '나'라는 집에는 마귀가 들어와서 자리 잡고 살았습니다. 그래서 우리를 악하고, 더럽고, 추하고, 방탕한 삶으로 이끌어 육신의 정욕, 안목의 정욕, 이생의 자랑을 따라 살게 하였습니다.

그러나 예수 그리스도를 구주로 모시게 되면서 우리의 집에 거하는 주인이 달라집니다. 예수님은 우리를 위한 선한 목자가 되셔서, 생명을 얻되 더욱 풍성히 얻도록 하셨습니다. 결국 예수님을 우리 안에 모시면 예수 그리스도의 능력으로 말미암아 우리는 복된 사람이 됩니다. 그러면 우리 속에 거하시는 예수 그리스도의 능력은 어떤 것이 있는지 살펴보도록 하겠습니다.

1. 자족하는 능력

우리가 예수님을 믿으면 환경의 지배를 받지 않고 환경을 초월하여 자족하는 인생을 살게 됩니다. 사도 바울은 빌립보서 4장 11절에서 "내가 궁핍하므로 말하는 것이 아니니라 어떠한 형편에든지 나는 자족하기를 배웠노니"라고 하였습니다. 여기서 '자족'이라는 말은 헬라어로 '아우타르케스(αὐτάρκης)' 입니다. 이 말은 '자연스럽게 살다' 라는 뜻입니다. 이것은 어떠한 환경에도 물 흐르듯이 유연하게 사는 것을 말합니다.

1) 어떠한 형편에든지 자족했던 사도 바울

사실 '자족' 이라는 말은 당시 스토아 철학자들의 기본 덕목이었습니다. 그래서 그들은 금욕을 강조하였는데, 욕심을 끊어야 '자족' 이 가능하다고 보았습니다. 그래도 욕심이 끊어지지 않으면 자기 몸을 학대해서라도 욕심을 끊어야 한다고 주장했던 것입니다.

그러나 타락한 인간들은 마음속에 죄에 대한 욕구와 소유에 대한 욕구, 명예에 대한 욕구, 식욕에 대한 욕구를 아무리 누르려고 해도 눌려지지 않습니다. 마치 물위에 뜬 공과 같습니다. 이 공을 일시적으로 힘으로 눌러서 물속에 집어넣을 수는 있습니다. 그러나 곧 힘이 빠지면 공은 다시 솟아오르듯이, 욕심은 우리의 삶속에 끊임없이 생겨나게 됩니다.

그런데 사도 바울은 '자족' 이 금욕에서 온다고 보지 않았습니다. 그것은 오직 예수 그리스도를 통해서 온다고 보았습니다. 인간적인 노력으로 자족의 상태에 들어가는 것이 아니라 그리스도 안에서 발견한 그 풍성함 때문에 온 세상을 소유한 것처럼 행복해 지는 것입니다. 즉, 능력 주시는 자이신 예수 그리스도가 내 안에 계시면, 환경을 초월하여 부족함이 없는 삶을 살 수 있는 것입니다.

이를 온도계와 자동온도조절계로 설명할 수 있습니다. 온도계는 주위 환경에 따라 눈금이 달라집니다. 이는 세상 사람들이 형통할 때에는 마음이 교만하게 되어 방탕하게 되고, 삶이 조금만 힘들고 어려워지면 낙심하고 좌절하여 절망하는 모습과 유사합니다. 오늘날 세상의 많은 사람들은 온도계와 같은 삶을 삽니다. 세상 사람들이 울고 웃는 것은 마치 온도계가 주위 온도 변화에 민감하게 반응하는 것과 같습니다. 이것은 신앙인들의 삶에도 마찬가지입니다. 삶이 평안하고 형통하여 내 뜻대로 잘되면 그만 교만해지고, 나태해지고 방탕한 삶을 살아갑니다. 그러다 어려운 일이 생기면 금방 실망하여 땅이 꺼지도록 한숨을 짓고 "정말 하나님이 살아계십니까?" 하며, 기도와 응답으로 사는 것 같던 모습은 사라지고 "하나님 어디 계신지 도통 모르겠습니다" 하며 불평을 합니다. 이스라엘 백성들이 바로 그러했습니다. 그들은 열 가지 재앙을 통하여 구원을 받을 때 하나님을 찬미했고, 극적으로 홍해를 건너고 이스라엘을 추격하는 자들을 물리쳤을 때도 그들은 소고치고 춤을 추며 하나님을 찬미했습니다. 그리고 3일이 지난 후 그들이 마라의 연못에 갔을 때 마실 물이 없자 그들은 하나님과 모세를 원망하며, "하나님이 우리를 목말라 죽게 하기 위해 우리를 불러내셨는가?" 하며 고함을 쳤습니다. 이러한 삶은 온도계와 다를 바가 없는 것입니다.

그러나 자동온도조절기는 특정 온도에 맞추어 놓으면 자동으로 그 온도를 유지시켜 줍니다. 더우면 에어컨이 자동적으로 작동하여 온도를 일정하게 유지시켜주고, 추우면 히터가 작동이 되어 기존 온도를 유지시켜 줍니다. 이는 환경에 따라서 요동하지 않고 늘 평안하고 자족한 마음으로 사는 것을 말합니다. 바로 예수님은 우리에게 자족할 수 있는 은혜를 베풀어 주시면 우리는 자동온도조절기와 같은 인생을 살 수 있게 됩니다.

2) 성도가 잃지 말아야 할 감사의 마음

무신론자인 한 변호사가 미국의 경기가 나쁠 때 시카고 남부지역의 흑인들과 대화할 기회를 갖게 되었습니다. 그들은 아주 궁핍한 환경에 있었기 때문에 하루하루 근근이 연명하는 처지에 놓이게 되었습니다. 그런데 그들이 다니는 교회에 가보니 그들 모두가 모여서 성령이 충만하여 춤을 추고 하나님을 찬미하여 기쁨이 충만한 모습을 보았습니다. 뭐가 좋다고 그렇게 노래를 부르고 춤을 추는지 궁금하게 여겨 그들에게 물었습니다. "당신들은 이 어려운 가운데도 행복한 모습으로 노래를 부르고 있으니 도대체 이렇게 노래를 부를 수 있는 이유가 무엇입니까?"라고 물었습니다. 그 때 한 흑인 성도가 "We've got Jesus to sing about"(번역하면 "우리에게는 노래를 부를 수 있는 예수님이 계시기에 즐거워합니다")라고 말한 것입니다. 그 말을 하자마자 그 곳에 있는 모든 사람들이 "아멘"이라고 외치고, 계속해서 행복한 모습으로 주님을 찬양했습니다. 그 불신자 변호사는 그들로 인하여 마음에 큰 감동을 받았습니다. 바로 이 놀라운 비결은 예수님 안에 있습니다. 예수님이 우리에게 은혜를 베풀어주시면 자족하는 비결을 터득하게 됩니다. 그 비결 가운데 가장 좋은 것은 감사와 찬송을 드리는 것입니다. 시편 50편 23절은 "감사로 제사를 드리는 자가 나를 영화롭게 하나니 그의 행위를 옳게 하는 자에게 내가 하나님의 구원을 보이리라"고 말씀합니다. 감사와 찬송을 주님께 드림으로 하나님의 구원을 경험하고, 평강으로 흔들림이 없는 신앙을 갖게 되시기를 예수님의 이름으로 축원합니다.

2. 문제 해결의 능력

예수님은 우리 마음속에 환경을 초월하여 마음에 기쁨과 평안을 주실 뿐만 아니라 실질적인 도움을 주십니다. 사도 바울은 예수님을 '내게 능력 주시는 자'라고 표현했습니다(빌 4:13). 예수님은 오늘날도 우리를 도와주시는 좋으신 하나님입니다. 예수님은 우리의 궁핍함을 아시고, 육신의 고통과 아픔도 아십니다. 그렇기 때문에 우리를 도우시는 보혜사 성령님은 이 세상 끝날 까지 우리와 함께하셔서 우리를 도와주십니다.

1) 문제가 문제되지 않으시는 하나님

사실 하나님에게 있어서 문제는 문제되지 않습니다. 우리에게는 정말 큰 문제이지만 하나님에게는 아무런 문제가 아닙니다. 그러므로 사도 바울은 이렇게 고백합니다. "내게 능력 주시는 자 안에서 내가 모든 것을 할 수 있느니라"(13절).

류태영 박사님은 바로 이 말씀을 붙잡아서 성공하신 분입니다. 류태영 박사님은 전북 임실군의 두메 산골에서 소작농의 아들로 태어나서 어릴 때부터 소위 흙수저를 물고 태어났습니다. 그의 가정은 소작농으로 겨우 입에 풀칠하는 삶을 살아갔습니다. 그의 부모는 많은 자식들을 교육을 시킬 수가 없었는데, 그는 어릴 때 교회에 나가서 하나님의 말씀을 들었습니다.

그가 가장 좋아했던 성경구절이 빌립보서 4장 13절의 "내게 능력주시는 자 안에서 내가 모든 것을 할 수 있다" 이었고 이 말씀을 사랑하며, 하나님께 기도했습니다. "하나님 우리 가정은 너무 가난해서 학교를 갈 수 없습니다. 초등학교 뿐 아니라, 중학교, 고등학교, 대학교, 그리고 유학까지 가게하여 주옵소서.” 전혀 실현 가능성이 없는 이런 기도를 새벽마다 나가서 하나님께 부르짖고 기도했습니다. 그는 고향에서 중학교까지 졸업을 하고 무작정 상경을 했습니다. 상경을 한 후 닥치는 대로 일을 했습니다. 신문을 돌리고 각종 허드렛일도 마다하지 않으며 야간 고등학교를 졸업하고 대학까지 졸업을 했습니다. 그 과정 속에서 얼마나 가난했던지 먹을 것이 없어서 쓰레기통을 뒤진 적이 한두 번이 아니었고, 추운 겨울에 연탄불이 없어 추운 방에서 선잠을 자다 몸이 언 적도 있었습니다.

그럼에도 불구하고 그는 새벽에는 어김없이 교회에 가서 하나님 앞에 부르짖어 기도한 것입니다. 그 때 성령님은 마음에 지혜를 주셨습니다. 그는 농업이 발달한 덴마크로 유학을 가기로 하고, 덴마크 국왕에게 편지를 썼습니다. “국왕 폐하, 저는 한국의 류태영이라고 하는 사람입니다. 가난한 시골에서 농사꾼의 아들로 태어나서 농업 선진국인 덴마크에서 농업에 대하여 배우기를 원합니다. 그리고 한국에 돌아와 조국의 농업발전을 위해 일하고 싶습니다”라고 편지를 썼는데, 이 편지가 국왕의 마음에 감동을 주어서 노르딕 대학교에 4년 장학금으로 공부할 수 있는 기회를 얻게 되었습니다. 그래서 그곳에서 열심히 공부하고 이스라엘로 가기를 소망했습니다. 그 결과 히브리 대학에 우수한 성적으로 입학을 하고 수석으로 졸업하게 되었습니다. 한국으로 돌아온 후 그는 박정희 대통령이 새마을 운동을 할 때 새마을 운동에 크게 기여하여 우리 식량을 자급자족하는 일에 크게 쓰임을 받는 우리 민족의 축복이 되었습니다. 가난하고 헐벗고 굶주리고 인생을 방황하며 살 수도 있었던 소년이 마음에 꿈을 품고 하나님께 기도하니 하나님이 그의 가난의 문제를 해결해 주시고 큰 축복을 받는 인물로 복 내려 주셨습니다.

2) 성도가 잃지 말아야 할 신뢰의 마음

우리를 사랑하시는 신실하신 하나님은 우리가 감당할 시험밖에는 주시지 않습니다. 고린도전서 10장 13절은 이렇게 말씀합니다. "사람이 감당할 시험 밖에는 너희가 당한 것이 없나니 오직 하나님은 미쁘사 너희가 감당하지 못할 시험 당함을 허락하지 아니하시고 시험 당할 즈음에 또한 피할 길을 내사 너희로 능히 감당하게 하시느니라."

하나님은 지금 우리가 당하는 어려운 문제를 모르고 계시지 않습니다. 주님은 그 시련과 어려움을 우리가 넉넉히 감당할 수 있기 때문에 허락하신 것입니다. 그런데도 얼마나 많은 사람들이 조금만 어려움이 생겨도 하나님을 향한 신뢰를 잃어버리는지 모릅니다.

성경은 자주 우리에게 하나님의 능력을 신뢰하라고 말씀합니다. 사도 바울은 로마서 8장 37절에서 "그러나 이 모든 일에 우리를 사랑하시는 이로 말미암아 우리가 넉넉히 이기느니라"고 하였습니다. 주님의 능력을 신뢰하는 자에게는 넉넉한 승리가 있습니다.

영국의 사상가요 미술평론가요, 사회개혁자인 존 러스킨(John Ruskin)은 어떤 귀부인의 방문을 받았습니다. 이 귀부인은 자신이 최근에 비싼 값을 준 손수건이 그만 잉크가 쏟아져서 쓸모없는 물건이 되었다고 넋두리를 늘어놓았습니다. 그러자 러스킨은 그 부인으로부터 손수건을 받아들고 난 다음 손수건에 쏟아진 잉크를 중심으로 훌륭한 그림을 그렸습니다. 그 쓸모없이 버려진 손수건이 러스킨의 손이 닿자마자 훌륭한 예술작품이 된 것입니다. 그 부인은 깜짝 놀랐습니다. "아, 이 쓸모없어진 손수건이 이렇게 훌륭한 예술작품이 될 수 있다니"라고 말했습니다.

여러분, 주님의 손길이 우리에게 역사하면 우리의 그 힘들고 어려운 시험이 오히려 감사의 조건이 됩니다. 수많은 사람들이 겪은 고통과 어려움이 찬송가의 제목이 되고, 재료가 된다는 사실을 아십니까? 우리가 받은 고난이 하나님의 능력으로 말미암아 축복으로 바뀌어 지고 나중에는 은혜로운 간증이 되는 것입니다.

3. 다른 사람을 돕는 능력

예수님을 모실 때 우리속에 내재해 계신 그리스도의 능력이 무엇입니까? 이것은 다른 사람을 돕는 능력입니다. 내게 있는 문제를 해결해서 나에게 유익을 줄 뿐만 아니라 이제는 하나님이 다른 사람을 도울 수 있는 능력을 주신다는 것입니다.

1) 어려운 형편에도 바울을 도와준 빌립보 교회

본문에 소개된 교회는 빌립보 교회입니다. 빌립보 교회는 형편이 좋은 교회가 아니었습니다. 이 교회는 가난한 교인이 모여 있는 교회였습니다. 그런데 하나님은 가난한 빌립보 교인들의 마음을 감동시키서 선교비용을 모아 바울을 돕게 하였습니다.

하나님이 재정이 없기 때문에 이렇게 선교헌금을 모아서 바울을 도운 것이 아닙니다. 하나님은 직접적으로 바울을 축복하실 수 있지만 오히려 가난한 빌립보 교인들을 축복하시기 위하여 그들 마음속에 사도 바울의 선교헌금을 준비하게 만들어주셨습니다.

2) 성도가 잃지 말아야 할 나눔의 마음

우리는 나눔의 마음을 잃지 말아야 합니다. 하나님이 우리에게 능력을 주시고 복을 주시는 이유는 우리를 통하여 다른 이들을 섬기게 하고, 부요하게 하시기 위함입니다. 우리를 축복의 통로로 삼으신 것입니다. 사실 하나님은 우리의 나눔이 없어도 온 세상을 부요케 하실 수 있는 능력이 있습니다. 그러나 하나님은 우리가 하나님의 거룩한 사역에 참여하길 원하십니다. 그럼으로써 우리를 더욱 복되게 하시며, 칭찬받을 만한 사람으로 세워 가시는 것입니다.

사도행전 20장 35절을 보면 사도 바울은 다음과 같이 말하고 있습니다. "범사에 여러분에게 모본을 보여준 바와 같이 수고하여 약한 사람들을 돕고 또 주 예수께서 친히 말씀하신 바 주는 것이 받는 것보다 복이 있다 하심을 기억하여야 할지니라."

바울의 선교 사역 당시 여러 부유한 교회들이 있음에도 불구하고 하나님은 빌립보 교회를 통하여 바울의 선교사역을 돕도록 하셨습니다. 이러한 나눔과 섬김에는 반드시 하나님이 주시는 축복이 있습니다. 사도 바울은 19절에서 다음과 같이 기도합니다. "나의 하나님이 그리스도 예수 안에서 영광 가운데 그 풍성한 대로 너희 모든 쓸 것을 채우시리라." 사도 바울은 빌립보 교회가 어려운 형편 가운데 있지만 모든 것에 풍성하신 하나님이 예수 그리스도의 영광을 나타내시기 위하여 모든 쓸 것을 채우신다고 말씀하고 있습니다.

　예수 그리스도 안에는 우리가 생각지도 못할 부유함과 능력이 있습니다. 사도 바울은 그것을 경험한 사람입니다. 그는 어떤 형편에든지 주님 안에서 자족하기를 배웠습니다. 삶의 마지막 순간까지도 예수 그리스도의 능력을 의지하여 하나님의 복음을 위하여 살았습니다. 그러므로 여러분도 예수 그리스도 안에 있는 능력을 누리게 되시기를 주님의 이름으로 축원합니다.

그리스도의 능력을 의지하라

예수 그리스도를 구주로 모시게 되면 우리의 집에 거하는 주인이 달라집니다. 우리는 예수님을 우리 안에 모심으로 예수 그리스도의 능력으로 말미암아 복된 사람이 된 것입니다.

1. 자족하는 능력

예수님을 믿으면 환경에 의해서 지배받지 않고 환경을 초월하여 자족하는 인생을 살게 됩니다. 능력 주시는 자인 예수 그리스도가 내 안에 계시면, 환경을 초월하여 부족함이 없는 삶을 살 수 있게 됩니다. 그것은 마치 자동온도조절계와 같습니다.

2. 문제 해결의 능력

예수님은 우리에게 환경을 초월하여 마음에 기쁨과 평안을 줄 뿐만 아니라 실질적인 도움을 주십니다. 우리는 능력을 주시는 자인 예수님 안에서 모든 것을 할 수 있습니다. 주님의 능력을 신뢰하는 자에게는 넉넉한 승리가 있습니다.

3. 다른 사람을 돕는 능력

예수님을 내 안에 모실 때 이제는 다른 사람을 돕는 능력을 허락하십니다. 하나님이 우리에게 능력을 주시고 복을 주시는 이유는 우리를 통하여 다른 이들을 섬기고, 부요하게 하기 위함입니다. 하나님은 우리를 축복의 통로로 삼으셨습니다.

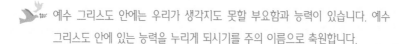 예수 그리스도 안에는 우리가 생각지도 못할 부요함과 능력이 있습니다. 예수 그리스도 안에 있는 능력을 누리게 되시기를 주의 이름으로 축원합니다.